演讲内容设计表

故事画布

提供单一用户价值

用户数

收入 =

高管演讲能力模型

演讲彩排自检表

**6** 表达力工具箱

向老板汇报的三种套路

搞定下属的1分钟管理

愿意听

记得住

能传播

**5** 好演讲的三个标准

表达力

by 贺嘉 高管演讲

启发感

**4** 演讲的三个关键词

公式

画面感

信任感

# 表达力

贺嘉 著

文化发展出版社
Cultural Development Press

**图书在版编目（CIP）数据**

表达力 / 贺嘉著. —北京：文化发展出版社有限
公司, 2019.5
　　ISBN 978-7-5142-2637-9

　　Ⅰ. 表… Ⅱ. ①贺… Ⅲ. ①语言表达 – 通俗读物
Ⅳ. ①H0-49

　　中国版本图书馆CIP数据核字（2019）第083996号

# 表达力

作者：贺嘉

责任编辑：侯　铮
产品经理：周亚菲
特约编辑：王云欢
出版发行：文化发展出版社（北京市翠微路2号　邮编：100036）
网址：www.wenhuafazhan.com
经销：各地新华书店
印刷：天津旭丰源印刷有限公司

开本：700mm×980mm　1/16
字数：260千字
印张：20.75
印次：2019年6月第1版　2019年6月第1次印刷
ISBN：978-7-5142-2637-9
定价：49.80元

感谢我的父母、太太，还有两个小朋友的支持，

你们是我变得更好的意义。

# 表达力就是影响力
# 影响力就是变现力

　　我们定义的创业者，不仅仅是指那些拥有一家公司的人，只要他是试图通过提升自己的认知，和更多的人达成协作，做一件前所未有的事，他在我们的眼里，就是一个创业者。

——罗振宇

## 表达力就是影响力

　　我们先来看一些问题，如果符合你的情况，你可以在心里打个钩。


　　☐你在职场人微言轻，说话没有人听。

　　☐面对人群发言，你会感到相当紧张。

　　☐如果有机会表达自己的看法，你一般会躲起来，让给别人。

　　☐演讲中，你说了很多，但是听众记住的很少。

　　☐你不知道如何表达才能抓住别人的注意力，让对方对你感兴趣。

如果以上5种问题，你符合的只有1项，那么恭喜你，你的表达力还是不错的；如果你打钩的有2—3项，说明你的表达力有一定的提升空间；如果你打钩的超过3项——你可真的要好好提升一下表达力了。

不难发现，在职场中职位越高的人，讲话的机会就越多：有跟员工非正式的谈话，也有部门会议，或者是公司年会、产品发布会，还有行业里的分享会、媒体采访等。

并且，一个公司里的中层大约70%的时间都在开会，他们其实就是在用语言和文字影响他人。

一个人的表达力关系到他在公司内的影响力。

## 10倍影响力＝10倍收入

> 我20岁出来赚钱，从一无所有，发展到身无分文，再从身无分文拼搏到负债累累。这就是我，不一样的烟火。我就是我，我看自己都冒火……
>
> ——网络段子

新媒体的"鸡汤"喝了几年之后，越来越多的人还是感觉到迷茫、失落、难过，甚至感觉到一阵阵的绝望。

作为一个自媒体人和高管演讲教练，我在两三年的时间里接触了很多迷茫的年轻人和中年人，其中有些人已经是公司的总监了，但是他们对于自己的未来想得还不是很明白。

大多数人所谓的"迷茫"是因为收入无法匹配自己的欲望，想不清收入和自己的工作付出之间的关系。

**在这里，我可以明确地说，一个人的收入和自身的影响力是有关系的。**

英特尔公司前CEO安迪·格鲁夫在《格鲁夫给经理人的第一课》这本书里写"领导者的绩效应该是以他影响着团队的整体绩效来衡量的"，这就是在考验你的影响力，而你在影响他人的过程中，不可避免地要用到两种工具：语言和文字。

丘吉尔在敦刻尔克大撤退时，"我们永不投降"的演讲大大激发了失败的时刻盟军的战斗士气，这就是语言带来的影响力。

**如果你能产生10倍的影响力，它能够带来的是你原先收入的10倍。**这一点不仅对于职场人士来说是成立的，在新兴的自媒体领域也成立。

如果一家拥有百万粉丝的自媒体，一年的收入是千万量级，那么千万粉丝的自媒体一年的营收就可以用"亿"这个单位来衡量。

## 用好5步法，成为表达高手

我发现大多数人的表达问题集中在以下5个方面：

·**缺少目标**——说了跟没说一样。

·**缺少高质量输入**——讲的故事缺乏细节，也缺少打动人心的元素。

·**思维不成体系**——表达缺少洞察。

·**输出时不注重形式**——如果缺少一些互动，就没有办法抓住听众的注意力。

·**从不收集反馈**——这是最重要的一点，在表达后从不收集反馈。

如果你不收集听众的反馈，你就不知道你的表达是否达成了目标，你也不知道怎么样让表达变得更简洁和有效。

普通人和高手的最大区别就在于"套路"——普通人没有套路，而高手有套路。

表达力5步法：

**高质量输入—针对性的目标—完整的思维体系—有套路的输出—不断迭代的反馈**

用好"表达力5步法"，就能让表达这件事达到一个良性循环。

①**高质量的输入**，是指在系统性地表达之前，你要先了解其他人的表达风格、受众的偏好，你要有独特的信息来源，并且能够讲出一些让人恍然大悟的故事。

在本书中，我会教你如何构建5种高质量的信息源，20类搜集素材的方法，通过提问获取有效信息的"4F提问法"（fact——事实，feeling——感受，fantasy——想象、幻想，feat——行动、功绩）。

②**针对目标的表达**。如果你的目标是针对销售，你可能就要写文案；如果你希望获得传播，你分享的可能是故事。针对不同的表达目标，我们要有不同的套路。

我会针对分享、汇报、激励、销售这4种不同的表达目的，教你4种不同的表达套路。

③**构建和完善思维体系。**

为什么有人可以把旧话题写出新意？

为什么有人能写出深刻、富有洞察力的文案？

为什么有人可以持续不断地产出段子？

因为底层都是一套思维体系的积累。我会教你构建思维体系3W1H框架，以及3种常见的方法论模型，带着你成为一个思考既有深度，又有广度，而且还能把握细节的人。

④**有套路的输出**。同样是讲话，有些人讲了很多，但听众能记住的很少。有些人讲的很少，但是听众都记住了。这就是在表达上，有套路的人和

没套路的人的区别。

这一部分我将分成演讲和写作两部分具体来讲，我将教你15种演讲的模块、3种快速写作的套路。更重要的是教会你好演讲的3个标准和好文章的3种感觉。只有知道什么是好的表达，你才有可能做到。

⑤**多次迭代的反馈**。通过了解表达的效果，更好地改进输出的方式以达到我们的表达目的。

我会在这一部分教你"复盘"和"双环学习"这两个方法。

也许你的表达能力只有60分，通过学习本书的内容并刻意练习，你的表达力可以到80分，再通过不断收集反馈和迭代，你的表达力可以达到90分的水平。

在本书的第十章，我会给你提供一系列的表达力工具。比如用来收集演讲灵感的故事画布，用来准备演讲内容的演讲内容设计表，以及彩排时用于对照提高演讲现场表现力的演讲彩排自检表。这些工具，都是你学了可以直接拿来用的。

我相信，无论是在商场还是职场，拥有良好表达力的人都是稀缺的。

一个人要建立影响力，首先从提升表达力开始。

**而10倍的影响力，能够带来10倍的收入。**

影响力，将是未来比流量更值钱的"货币"。

# 第十章
# 表达力工具箱　305

# 结语
# 会表达的人都掌握了哪些一般人不知道的方法　313

第一章

移动互联网带来的
**表达红利**

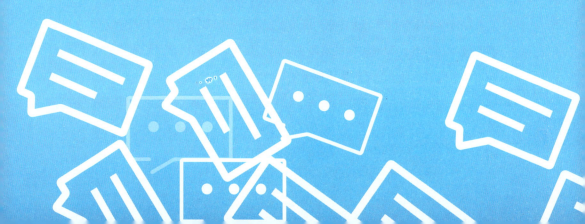

## 如果每10年有一次致富机会，这是离你最近的一次吗

过去10年，赚钱比较轻松的行业有过多次更迭。按照经济学家康德拉季耶夫理论来看，过去10年是大宗商品的牛市。尔后，房地产、金融、电商、互联网、游戏等领域分别造就了一批亿万富翁。所以，你想赚钱没错，但要把握好时代的方向。

在一个下降的行业里，比如早已产能过剩的家电、PC（个人电脑）行业，哪怕你再努力，你所取得的收益和成果也会相当有限。但是，如果同样的努力你花在了上升期的移动互联网、金融和AI等行业，收益可能会是你在产能过剩行业的几倍。

就像有个故事说的，同一年毕业的大学生，成绩不是最好的去了阿里巴巴，10年后已经财务自由了；而"211"和"985"毕业的学生，去了雅虎和IBM，10年后却赶上了公司裁员……一个人的命运，当然要靠自我奋斗，但是也要考虑到历史的进程产生的宏观影响。

那么，财富流动的背后，有无经济学规律可循？

经济学家康德拉季耶夫注意到经济发展过程中长时段的繁荣与萧条交替存在某种规律性。同时，他的贡献在于用大量统计数据检验了长周期的设想，使之成了一种比较系统的周期理论。

这个周期循环一次是50—60年，即一个康德拉季耶夫周期，也叫康波

周期。它分为上升、繁荣、衰退、萧条。

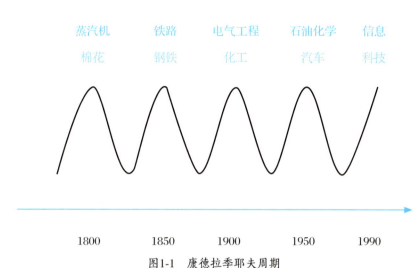

图1-1　康德拉季耶夫周期

根据中信建投前首席经济学家周金涛的观点，现在这次经历的康德拉季耶夫周期，是各位的转换点。

人生的财富不是靠工资，而是靠你对资产价格的投资，一定是低点买进才有意义。

人生中的60年，其中30年参与经济生活，另外30年，康波周期给予你的财富机会最多只有三次。

从康波周期来看，未来10年你很难再靠大宗商品、房地产等传统的途径获得超额回报了。

那么新的机会在哪里？

经济下行的环境之下，什么资产最为稀缺？

在电商时代，最贵的是什么？

流量。

　　**随着电商流量越来越贵，新的流量来源于内容方面**。五年前的公众号自媒体和现在很火的短视频的创业者，他们在本质上都在贡献优质、免费的内容来换取用户的关注，然后再通过广告或者电商卖产品，或者是通过知识付费卖服务，把这部分注意力（关注）变现。

　　传播结构的改变，打破了之前固化的传播渠道，由报纸杂志、电台或者电视台，下移到每个人。新媒体和自媒体就是现在的主流之一。

　　另一个层面，之前的这种传播的权力集中在少数的杂志社、电台或者电视台。

　　相应地，每一个记者、编导或者是摄影师，他们并不掌握整个生产的链条，决定什么信息可以传送给大众的权力掌握在台长、总编这些人手里。

　　为什么之前电视台每年都会出现广告标王，这也是一种注意力集中化的体现。

　　随着时间的推移，你会发现不同人群，各自的生活背景、兴趣爱好的差异越来越大。他们的注意力从大而全的传统媒体转移到了小而美的自媒体，或者是行业垂直的意见领袖身上。

　　相应地，很多刚入职场的年轻人依靠自媒体达到了月收入3万—5万元，甚至更高，获得了传统行业里难以想象的成长。

　　现在越来越多的企业成立了新媒体部门，一方面是帮助企业以低成本获取更多用户，另一方面也是为了和用户更加紧密地连接在一起。比如，大家都很熟悉的"××官方微博"。

　　同时也有一批初创型的小企业，比如乐纯酸奶、江小白，他们借助于社交媒体的力量、借助于内容的力量撼动了各自领域，在已经有三五十年历史的巨头的行业中分得一杯羹。

所谓表达红利，就是借助内容，用更低的成本触达更多用户。

根据硅谷创业之父保罗·格雷厄姆在他的著作《黑客与画家》中讲到的企业收入的一个公式：

**工作价值=成果的可测量性×服务客户数量**

表达红利就是通过积极地表达和塑造你的良好品牌形象，同时触达更多人，最终让你服务的用户数增长至原来的10倍甚至100倍，你的收入自然会上一个数量级，甚至是两个数量级。

凯文·凯利在他的著作里也提到了"一千铁杆粉丝理论"。讲的是，如果你是一个知识服务者并有一千个铁杆用户，那么你的生活可以过得很惬意，也可以远离红海市场的残酷竞争。比如律师、销售、咨询顾问、设计师、医生等专业服务的领域。

在过去的10年里，拥有个人品牌的人并不多，但是这些人可能获得了其他人10倍以上的收益。

因为看了我的自媒体文章，短短一年里有几十家企业的经理添加我的微信，和我约企业内训，还有人看了我的媒体采访后，在微博留言和我寻求合作的。

不仅如此，因为我在社交媒体上的影响力，我还有机会和我之前一直在豆瓣上关注的萧秋水老师一起发起深圳地区的自媒体聚会。

**可以预见的是，在未来的10年里，越来越多的个体会通过表达建立个人品牌，帮自己赢得更多订单，这就是表达红利的真正意义。**

现在这个时代，得益于社交媒体的兴起和移动支付的普及，以及用户养成了为优质内容付费的习惯，任何一个有才华、有学习能力、注意到了表达红利的人都有可能找到一千个铁杆用户。

无论是金融、地产这样的传统行业，还是互联网、电商这样的新兴领域，你都有机会借助于表达红利，服务于之前10倍以上的客户。就像微信公众号的登录界面写的：**再小的个体，也有自己的品牌。**

## 小 结

## 如何成为一个有趣的人

如果你问我，谁是中国最有趣的导演？我的回答是徐峥。

我之所以觉得他是一个真正有意思的人，是因为他在第九届中国电影导演协会2017年度表彰盛典的一次演讲。他上台后只说了三句话，就引得许多大咖开心地笑了起来。

我刚才看到大家颁了一个青年导演奖，其实我拍第一部电影的时候就想拿这个奖，但是我过了这个年龄，拿不到了。

然后，我看了下，我拿终身成就奖要在三十年之后了。

所以强烈建议少红导演设立一个"中年危机导演奖"，这样大家就可以经常拿到这个奖了。（略有整理，余同）

第一句说"我很想拿青年导演奖"，就是他在用自己来捧主办方。

而第三句，建议设立一个"中年危机导演奖"其实是对自己的一种调侃，用这种轻松的方式，让大家都放松了下来。

他后来又说：

我有一个朋友和我说，现在做导演的门槛太低了，做小品的人也在做导演，做相声的也在做导演。我就在想，他是不是觉得我把导演的门槛拉低了。

厉害的是，他话锋一转，又把话题给圆回来了。

转型做导演这件事历来有之，张艺谋、张黎是摄影师，冯小刚是美术师。做导演这件事其实本身没有什么门槛，而是这个门槛在每个做导演的人的心里。我觉得这个门槛是对电影艺术的认知，是对好的电影的一种共识，以及对电影这门艺术的尊重。否则，如果所有人都来做导演，我们不就成了"逐梦××圈"了吗？

这段话开头有自嘲，中间通过讲对于两种导演门槛的理解刷新人们的认知，结尾还调侃了一下某部电影。

整个发言只有短短的2分56秒，但是充分体现了徐峥这个人的有趣之处。

**有趣难以被定义，却与好奇心有关。**

很多人不满意现状，却不知道如何改变；很多人喜欢和有趣的人交流，却不知道如何成为一个有趣的人……

"有趣"过于多元，很难被定义，但是你很容易感知到。因为你的情绪会告诉你，碰到有趣的人和事时很开心。

**真正的有趣会引发用户的共鸣和二次传播。**

有趣，是我们对于一个善于表达的人所能给予的最高评价。如果你对生活没有任何好奇心，不想探索人生的更多可能性，"有趣"这个词一定与你无缘。

平庸无趣的人活在单一维度中，有趣的人心中有着内在的多元维度。

比如，82岁还做模特的老大爷王德顺，他走秀之后媒体纷纷报道《小鲜肉闪开，你大爷来了》，因为他的确和其他人特别不一样。

在有趣的人身上，你会看到好奇心的力量。

### 如何成为一个有趣的人？

有趣是可以培养的。一个人有趣与否体现在听众的情绪之中。如果你的听众开心或是受到了启发，那么，你大体上应该算是一个有趣的人。

即便你现在不是一个有趣的人，也是可以努力让自己变得更有趣一点。毕竟一些培训机构曾"量产"过一批可以讲段子的老师（虽然这种行为很无趣）。

**首先，成为一个有趣的人意味着你有丰富的经历，见过不同的风景。**

有趣的人有自己的精神源泉，有一些不同的体验。换句话说，你要培养自己的物欲，包括对于美好事物的鉴赏和分辨能力。

我记得美食家蔡澜说过一个很有意思的比喻："如果你只吃过10家餐厅，就说你家楼下的馄饨是最美味的，是没有人信的。"

但是如果你和蔡澜一样在1000多家餐厅吃过饭，你说你家楼下的馄饨是最美味的，就会有人信了。因为这个时候，你的见识撑起了你的价值判断。

**其次，敢于自嘲。**说一些自己的失败故事，给对方一些轻松的优越感，以取悦对方。

我在分享时会经常提到：我第一次组织活动的时候，只来了不到100个观众。一个志愿者说，当时他有一种想去大马路上拉人来听的冲动。这也是我的一种自嘲。

当然，我也经历过被嘉宾放鸽子、赞助商跑路等各种问题，现在想一想还真的挺不容易的。

当你敢于抖露自己的失败经历时，就意味着你已经从那段经历中走了出来，可以更自信地面对未来。

有一些有趣来自收获的优越感，帮助我们放松略显紧张的神经。

朝九晚六的日常生活，对于大多数人而言是无聊的，所以大家会借助于电影、漫画、相声、小品等放松自己。就像我经常自我调侃的一样，为啥我的公众号阅读量比朋友们的要少一些，很重要的原因就是干货太多、太深刻。

大多数人想要的是在工作以外的时间放松自己，而不是干货。正因如此，才造就了对娱乐内容的海量需求。

有的时候，我们通过和不如自己的人对比，获得了一种优越感，而这种优越感会让我们发笑。

哲学家托马斯·霍布斯说道："'笑'这种感情不是别的，只是一种突然的荣耀感。它产生于我们突然感受到自身的某种优越感，这种优越感是通过与别人的弱点作对照或是与先前的自我作对照而获得的。"

在我看来，初级的有趣可能是通过嘲笑他人达到的，而真正的有趣，是通过自我嘲讽让别人开心，实现与自我的和解。自嘲的背后，真正需要的是自信。

**最后，你要善于总结一些行业里让人感到冲突和矛盾的地方，然后用一种有趣的方式呈现出来。**

有一些有趣，来自冲突和反差。

法国哲学家布莱士·帕斯卡提出趣味和幽默产生于认知上的不协调，他说："当一个人的所见与所想之间的差距令人惊讶时，最有可能带来笑声。"

比如研究民间山野庙宇，发现了"他奶奶的庙"的不正经历史研究所所长，他发现有村民特别与时俱进地造出"车神"这种新时代的产物，主要是保佑大家考驾照能过。

他笑着说：这类现象也反映了民间文化保持了不断的生长……

比如，罗永浩曾经总结过英语培训行业的三大门派：不不不派、神奇派、N天搞定派。

想一想，你的领域是不是也有一些荒谬的现象呢，试着总结出来吧。

比如郭德纲的相声中，有不少和传统民间谚语或者俗语截然不同的段子。正是这些冲突感让我们会心一笑。

段子①：别紧张，我又不是什么好人。

VS俗语：别紧张，我又不是坏人。

段子②：孩子，人傻不能复生啊！

VS俗语：人死不能复生。

段子③：你的话，我连标点符号都不信。

VS俗语：你的话，我一句都不信。

有趣始于变化，而无趣始于一成不变。

只有那些对外部世界真正有好奇心的人，才能从繁杂无趣的日常生活中跳脱出来，发现那些有趣而又与众不同的细节。

我还记得之前和一位朋友（环时互动的创意总监万星）在聊天的过程中，他说的一句话我觉得很有道理，特别想分享给大家：

"真正的有趣是你觉得世界有趣，而假的有趣是你只觉得自己有趣……"

## 小 结

## 流量时代，如何用表达赢得信任

**流量变贵了，什么变得更值钱?**

做电商的人都知道，淘宝直通车越来越贵了；做自媒体的同学都知道，公众号的平均打开率一直在向下降，从最早的30%—40%降到10%，再到现在的低于10%；做P2P创业的人都知道，有的时候要拿几十、上百块钱，甚至1000块钱去获取一个用户。还有互联网、金融领域创业的人……

在现在这个流量时代，流量就是钱。

我有一位做流量生意的朋友说，他们当乙方当出了甲方的感觉，就是因为谁都想要流量。

微博、微信等社交工具的出现，让添加好友、与人建立联系这件事变得前所未有地简单。但这给我最深刻的感受是，想找一个自己认可的朋友变得越来越难了。

因为我们的时间变得越发碎片化，我们的注意力也变得越发涣散，我们越来越难以集中几十分钟甚至一两个小时的时间去了解其他人。越来越多的"朋友"不过是你朋友圈里的点赞之交。

在这里，分享一个我特别认可的趋势：

**在强调流量的时代，真正稀缺的其实不是流量，而是信任。**

**信任的价值在于降低交易成本，让事情更快出结果。**

"降低交易成本的价值"这一点，相信所有在大公司里走过繁冗流程的人，都会明白我在说什么。

那么，接下来的问题就是，如何取得他人的信任？

著名的社会学家费孝通在《乡土中国》里提到了"差序格局"的观点。也就是说，中国人（家庭）有着自己的社交观念，在这里，我们应用差序格局的观点，把与身边人的关系按照亲疏远近分成了四层：

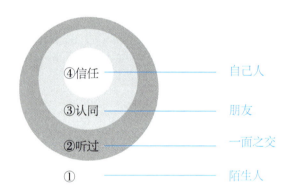

| | |
|---|---|
| ④信任 ———— | 自己人 |
| ③认同 ———— | 朋友 |
| ②听过 ———— | 一面之交 |
| ① ———— | 陌生人 |

图1-2　差序格局的应用

最外面一层是陌生人，与我们没有关系。

第②层是有过一面之交的人。你和他可能见过面，这种社交强调礼仪，也就是面子上过得去。

第③层为算得上是朋友的人。在共同的圈子里有一些交际，互相提供过一些小帮助，这种社交强调的是互利。

第④层，也就是最中间的一层，是自己人。如家人、合作伙伴。这种社交强调的是互助，甚至很多时候并不是以经济利益考量的深度互助。

费孝通的理论和邓巴的研究不谋而合，邓巴发现由于大脑皮层记忆能力的限制，一个人最多同时和150人建立一定亲密度的社交关系，大概是图1-3中最外面一层和最中间一层关系里的人的总量。

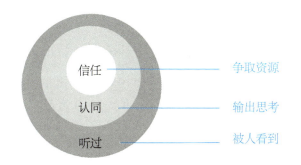

图1-3 差序格局的运用

所以很多同学会、同乡会、商会等各类线下活动的组织，存在的最大意义就是帮助很多有一面之交的人，通过吃饭喝酒、利益捆绑等各种方式变成"朋友"，甚至是"自己人"，然后再实现一起赚钱的目标。

但是这种线下活动有很多问题：很多人未必喜欢吃吃喝喝这种社交方式，同时线下的社交也存在效率低下的问题，并且一次可以交流的人始终是有限的。

从某种程度上来说，在"认同+信任"这两层以内的才算得上是我们的朋友，当我们真正需要帮助的时候，就只能向这些人求助。

我发现，用好表达力这一方法，我们可以在某种程度上更快地获得信任。

反观我自己这5年的成长，主要靠的是表达红利。很多人因为读了我的文章，或者是听过我讲课而关注我。

那么，我们如何运用表达力，让自己更快地获得信任呢？

**用好表达力①：在聚光灯下，让人看到你。**

我收到过一位网易云课堂学员的真实反馈："贺嘉老师，我在网易云课堂里看到了十多门演讲课，其他老师都不认识，我只认识你，所以我报名了你的课程。"

被人看到这件事本身就是一种机会，能让你和对手拉开差距。

TED演讲《如何发起一场运动》中讲了这样一个故事。

一项从开始到结束不到3分钟的运动：开始是一个男孩孤零零地在草地上跳着动作怪异的舞蹈。但是很快有了第一个、第二个追随者，慢慢地追随者越来越多，甚至整个草地上的人都加入了舞蹈当中。慢慢地，这场怪异的舞蹈逐渐变成一场社会运动。

第一个追随者起到了关键作用，因为他告诉其他人该如何效仿。

一个领导者要有胆量站出来，甚至被人讥笑。

**你要先被人看到，才有机会被人效仿。**

**用好表达力②：输出你的思维方式与价值观。**

我最早给虎嗅网撰写互联网和创业相关的文章的时候，没少被拒稿。前前后后，我为虎嗅网写过近20篇文章，你猜最后发表了几篇？

5篇，只有5篇。

在虎嗅网编辑不断"虐"我的过程中，我有不少收获。比如，我会关注我的文章是否有深度，视角是否独特，是否反映了创业者普遍关心的问题，等等。当然，我也写了几篇阅读量与口碑都还不错的文章。例如：反映创业者这一群体的《互联网"创业爱好者"病历，看看你病了吗？》，从社会学角度讲热点话题的《你为什么喜欢抢红包》，创业CEO招聘过程中关心的问题《创业CEO如何挑选CTO》等。

更有意思的体验是，因为我发表了《创业CEO如何挑选CTO》这篇文章，虎嗅网创始人李岷老师主动添加我的微信，并且鼓励我多写一些有深度的内容。不断坚持写作训练，对于锻炼我的思维方式帮助很大。

在表达的过程中，如果你发现一件事你写不出来或者是写不好，那么一定是你还没想明白。

**用好表达力③：更快地取得信任。**

我还在腾讯工作的时候，有一次参加公司组织的关于互联网趋势的培训，主讲是"场景实验室"的创始人吴声老师。所有人都想围着主讲老师再多交流一会儿的时候，我抽了个空和老师自我介绍了一下。

万万没想到，吴声老师居然是这么回复我的：

"哦，你叫贺嘉？！我看过你在虎嗅网上写的文章，那篇《如何用growth hacking，让一本书一周卖出60000+本？》还不错。"

我说："谢谢吴老师认可，我能加您微信吗？"

那个时候距离我写那篇文章已经过了1年多，我没想到自己的文章竟然会以这样的形式被人提及。

事实上真的是这样的。如果对方读过你的作品或者是听过你的演讲，只要他对你的印象还不错，你们接下来的交流就会比较顺利。

表达力，可以帮你更快建立联系并获得信任。

**用好表达力④：在组织内外争取资源。**

你想向你的老板要资源时，首先要拿出自己的方案说服他。包括你为什么认为这件事情值得做？为什么能做成？需要哪些资源，要多少？时间节点如何？

你要做好被老板"虐"的思想准备，具体的原因可能是你没有考虑到某些关键细节，你要做的事情没有成功的先例。

相应地，在大公司里要当好一名管理者，首要任务就是沟通，一方面是管理老板的预期，另一方面就是为团队争取资源。

所以，我们在争取资源的时候，要考虑到以上情况。

用好表达力让自己被人看到，可以让你和对手拉开差距。然后输出你的思维方式与价值观，为自己赢得更多认同。

此外，表达力还可以帮助你争取到更多资源，并完成目标，获得奖励。

流量时代，真正稀缺的是信任，而表达力则是帮助我们更快取得信任的一件秘密武器。

# 小　结

# 你与升职加薪的同事差在这一点

工作的关系，我平时与70后的企业家、证券、银行等领域的高管打交道比较多。

我发现一个很有趣的现象，就是他们的中层干部基本上都是80后，因此，有些70后就会在80后的手下做事。这些70后有着10多年的工作经验，却还一直干着基层的工作。这是为什么呢？难道是老板偏爱使用年轻的干部？

和这些企业接触得多了，我才明白这里面的真实原因。这些能够获得晋升的80后中层身上都有一个共同特点：**勇于表达，善于表达。**

在和老板汇报的时候，他们能够快速地抓住老板的注意力；在和客户交谈的时候，他们能够有效击中对方的内心，达成交易。

反观70后员工，大多不太敢于在老板面前发言，或者是"才不外露"。未免让人感觉特别可惜。

所以，这些没能晋升的70后，大多是输在了表达能力这一点上啊！

**在职场上，擅长表达自己的人，会比其他人更容易获得晋升的机会。**

有报告指出："受访的中高层管理者中，87%的人认为有条理、有逻辑性和有节奏感的表达更容易受到下属的拥戴；98%的人表示有良好表达力的下属比其他人更容易获得升迁机会。因为良好的表达力体现了其个人影响力、逻辑性和自信。"

我私下也曾请教过我的老板和朋友，他们都提到一点："用人就要用信得过的人。"

可是，老板如何知道谁靠谱呢？

会议。在公司的内部会议上，老板能从你的发言判断你的个人能力。你能否讲到重点问题？你讲话的逻辑、条理性如何？你发言的气场如何？

从专业的人力资源角度来讲，不应该凭借老板的个人喜好和对一个人的了解程度来任用。但无论如何，没有比人与人直接的接触更能建立信任的方式了。

现在，你明白了吗？

如果你不表达，你的老板就很难看到你、了解你。**表达力，就是要影响他人对你的认知，让自己获得认可。**

你觉得，除了写作和非正式的交流，还有其他能更好地影响他人的工具吗？

我可以肯定地回答你——有，演讲。

也许你觉得演讲难，其实是因为你没有掌握演讲的方法。实际上，演讲这件事，是有套路可循的。

就拿和老板汇报这件事来说，你可以参考阿里巴巴区域经理工作中的**Review体系中的3M**（3M即Make Strategy、Make Team、Make Number，策略、团队、结果。策略和团队，一个对事，一个对人，优秀的管理者应该注意平衡与兼顾）讲出来。

如果你能够参考"3M"的套路很流畅地讲出，"这个月，我们团队的业绩是120万，完成了120%的月度绩效，同时我们的营销策略是重视渠道合作伙伴，其中，70%的收入是来自××渠道。团队中，小王、小李表现优秀，安排了团队经验分享和特别奖金"，像这样有条理地汇报工作，你离升职加薪又近了一步。

需要提醒你一点，在学习演讲的过程中，比学习套路更重要的是，你自己有没有强烈的学习演讲的动机。

一个人如果想提高演讲能力，首先就是要培养自己通过演讲影响他人的意愿；其次是学习不同场合下的演讲套路（实践）；最后才是通过不断的练习与高质量的反馈，把演讲能力内化为你个人能力的一部分。

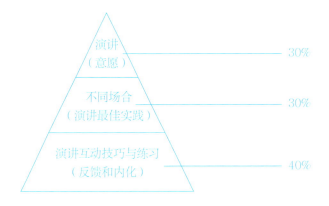

图1-4　提升演讲能力的金字塔

我辅导过的某公司总监，从一开始演讲会紧张到结巴，到现在已经成了一位演讲高手，私下交流时也可以和各级领导谈笑风生。

在学习过程中，中国人从小到大干得最多的一件事情就是考试，而美国人干得最多的一件事情就是演讲。

很多名校毕业的中国工程师在硅谷拿着一份不错的薪水，但还是要被毕业于社区大学的美国人管着，这其中的部分原因和中国工程师大多数不擅长表达自我和领导他人有关。

**你要开口说话，才能影响他人。你要开口说话，才能捍卫利益。**

在这一点上，印度很多工程师做得很好，所以在硅谷，越来越多的公司高管是印度人，比如，谷歌CEO桑达尔·皮查伊（Sundar Pichai）、微软第三任CEO萨提亚·纳德拉（Satya Nadella）。

对于演讲新手而言，制约其表达能力的原因并不是演讲经验不足，而是这些演讲新手在思维方式上给自己增加了很多有形或者是无形的限制。

俞敏洪曾说过："作为一个管理者，你就是那个拿水果糖激励大家干活儿的人。一方面你需要给大家分配利益，另一方面你要通过谈话、演讲激发员工的积极性。"

你想分蛋糕吗？先学会演讲吧！

# 小  结

## 表达力可以让我们变得更好

过去的5年里，无论是一线城市，还是二三线城市，房价都涨了不少。那么，过去的5年里，什么涨得比房价还快？

那就是流量的价格。

5年里，在一个2万次阅读量的公众号里投广告可能只要2000元，现在一条推文都要2万元起价，并且还要排期，前后的价格涨幅超过10倍。

移动端的App的获客成本从早期的几块钱到现在的上百元，甚至有些互联网金融的项目获客成本在1000块钱以上。而过去5年里，一些一线城市的房价上涨了1倍左右。也就是说，流量的价格涨幅是房价的5倍以上。

上一个10年是地产业的10年，投资不动产在70后中造成了明显的财富差异。未来10年是个体崛起的10年，有没有个人品牌会导致新的财富差距，而个人品牌最底层的一项能力就是表达力。

你是否擅长用演讲，或者是用文章系统地表达你的看法？

**擅长表达的人更容易被别人看到。**一方面，这些人可能是你职场里的伯乐；另一方面，他们也有可能是你的合作伙伴或者是你的潜在客户。

简单来说，对于擅长表达的人而言，借助广泛传播的内容，他们会有更低的获客成本。

教育与表达给我们提供了发现每个人才能的机会。奥巴马在演讲《我们为什么要上学？》中讲到这样一段话：

或许你能写出优美的文字——甚至有一天能让那些文字出现在书籍和报刊上——但假如你在英语课上不经常练习写作，你就不会发现自己有这样的天赋；或许你能成为一个发明家、创造家——甚至设计出像今天的iPhone一样流行的产品，或研制出新的药物与疫苗——但假如你不在自然科学课程上做几次实验，你就不会知道自己有这样的天赋；或许你能成为市长或议员或最高法院法官，但假如你不去加入什么学生会或参加几次辩论赛，你也不会发现自己的才能。

积极地表达自己的观点，可以帮助我们更快地进化。原因主要有以下三点：

### 第一，事前的表达，有助于我们厘清思路。

我接触过的年轻人大多存在思路不清晰的问题，他们聊事情的时候思路往往过于发散，一次交流了三个以上的主题，却又没有总结，让人弄不明白他想聊什么。

基于我以往做事的经验，如果一个人讲不清楚，就说明他没有想明白，自然也讲不清楚，更不可能把一件事做好。

如果你也存在这种问题，那么最好是把你的思路写下来再讲出来，这样一来，你做这件事情的背景、目标和解决方案就一目了然了。

### 第二，执行过程中的表达，方便他人给予反馈。

工作中经常开会的人都知道，如果一个会议没有议题，开完会也没有做备注去督促相关人员落实会议的结论，那么，这个会议就是在浪费时间。

当你把一件事情的执行思路用口头（说话）的方式表达或者是记下来时，你的同伴就可以更方便地给出自己的反馈和建议。

比尔·盖茨在一次演讲中讲过："哪怕是最优秀的老师，也需要学生的反馈帮助自己提升授课的水平。"

在学术研究的领域，每一篇论文写出来之后，有个很重要的环节叫"同行评审"。也就是说，把你的论文交由同一领域的专家教授评审，判断这篇论文有没有学术价值，是否可以发表，最后给出反馈意见。

同理，我们每一次把思路完整地表达出来，就是一次意义重大的"同行评审"。

**第三，事后的表达，有助于复盘。**

当你做完一件事情之后，记得总结，无论是做PPT回顾还是做一场复盘的分享，你都可以在脑子里把整个事情的逻辑顺序再推演一遍。

对于职场中的管理层而言，很重要的一项能力是让正确的事情相继发生。换句话说，就是给员工提供做事的氛围和条件。

这并不是说要你把每一个细节都做到完美，而是在做完一件事情之后，把你当时的想法、资源、策略再回顾一遍或者是写下来，也许你会有一些不一样的发现。

既然表达这件事情有这么多好处，为什么很多人还是不擅长？

我认真地思考过：为什么有些读者会留言，说感觉自己的表达能力约等于0？

什么原因阻止了他们正常地表达以及不断提升自己的表达能力？是动机不够，还是缺少练习的场合，抑或是他们没有这种演讲的技巧？

于是我对比了两类人群：一类是不善于表达自己的人；另一类是特别善于表达，已经在职场上取得一定成就的人。

我有一些很有意思的发现：

①在那些不擅长表达的人身上，我看到的是一个"负反馈循环"。

比如，有些人以前在公司的年会上做过分享，但是效果不理想，因此就留下了心理阴影，之后再有演讲的机会他都会往后面躲。

②在那些善于表达自我的人身上，我看到的是"正反馈循环"。

**积极的自我暗示，让他们越来越擅长表达自我。**

心理学上有一种心理效应，叫皮格马利翁效应，源于一个古希腊神话故事。讲一个国王爱上了自己雕塑的少女像，在神的帮助下，这个雕塑变成了一个真正的人，最后成了他的妻子。

你期望什么就会得到什么。只要你满心期待事情会顺利进行，那么，事情就一定会顺利进行。相反，如果你相信事情会有曲折，不断地受到阻力，那么，这些阻力就会产生实际影响。成功的人都充满自信，相信好的事情一定会发生。这就是心理学上所说的"皮格马利翁效应"。

在表达这件事上也是这样。擅长表达的人，会倾向于认为自己适合做演讲或者写作，然后花更多时间钻研。结果他真的变得比一般人更擅长表达。

不要问我为什么知道，因为我的成长过程就是这样。

对于不擅长表达这件事的人来说，可以用一些改进的方法。

①在一些小的场合中练习表达，比如自我介绍。

在自我介绍中加入一些数字，就能让别人更加印象深刻。比如，你有1000个客户，或者是在某个领域从业10年以上，或者带团队实现了单月百万收入。

　　当你因为一个富有个性的自我介绍，收获一些在事业上对你有帮助的朋友之后，你对于表达也会更自信，并且愿意花更多时间进一步提升你的表达能力。

　　②**养成一个好习惯**，比如收藏生活中那些好的演讲或者是能够打动你的文字。

　　我有一位在自媒体和知识付费领域创业的朋友阿何，他的公司年收入近亿。他有一个很好的习惯，就是看到朋友圈里任何一张转发量比较多的海报，他都会收藏起来研究其中的卖点和文案到底好在哪里。

　　其实我们在提升表达能力这件事上也是一样，我们要学会欣赏那些优质的表达。

　　只有知道什么是好的表达，你才能找到一条培养自己表达风格的路。

　　③**找一个演讲领域的榜样或者是导师。**

　　每个人工作的领域不同，表达的风格自然也会千差万别。比如，在航天领域的人讲话会更加理性；在传媒领域的人，整体的讲话风格会更走心。

　　就像每个职场人需要找到一个导师一样，在表达这件事情上，你也需要给自己找到一个榜样，或者是一位专业的演讲教练。

　　当你知道了什么是好的表达，开始找到场景练习，并且给自己找到一个合适的演讲教练的时候，你在表达这件事上就建立了一个良性循环。

## 如果我们想提高表达力，需要在哪些方面下功夫

从百度指数的数据来看，最近两三年，普通用户对于口才培训的需求是在不断增长的，因为越来越多的人意识到了表达力的重要性，急于提升自己的这种能力。

我接触过很多传统的口才培训，其中多少有些问题。这些培训基本上分为两种，一种类似于陈安之的成功学，不断地在培训过程中给学员"打鸡血"。

这些人会在一些环节中给学员心理暗示，如"想成功先发疯，不要脸皮往前冲"。

只给鸡汤不给勺的这种口才培训，不可能给学员带来质的改变。因为这类培训的最大问题在于只告诉你什么是重要的，却没有告诉你如何做到。

另一种口才培训是，讲师大多是来自传统媒体的主持人。他们会告诉你在演讲过程中，要加入一些小故事来吸引听众的注意力，或者在演讲过程中多夸一夸台下的听众。

相应地，有人会吐槽："太浪费时间了，其实就是围绕'夸'来讲故事，不知道去哪儿收集这么多小故事。""夸奖、表达感激、拒绝等，这些都是口才的艺术，而这里除了阿谀奉承的技巧没有其他实用内容。

不推荐。"

现在的听众越来越注重实用性，更希望这些培训能建立一整套关于表达的思维框架，可以直接拿去用。

大多数人的表达能力，都有一定的提升空间。

从现有问题出发，我们能否找到一套通用的表达框架呢？

我是一名作者，从事专栏写作近5年的时间，同时我也是一名演讲者，举行过上百次演讲、培训，同时也辅导过上千人的演讲。

**正式表达，一般有两种形式：语言和文字。**

语言形式的输出，我们称为"演讲"；文字形式的输出称为"写作"。

虽然，这两种表达形式在输出上有一定的差异，但是在框架层面有很多相通的地方。比如，二者都要突出重点、强调逻辑清晰；在理性思考以外，都强调与用户的情感共鸣。

基于我对上千名学员的调研，我把他们目前的表达问题归纳成了5类，不少问题是学员在"30天演讲训练营"和"每日一问"打卡环节中的反思，相信对你会有所启发。

没有目的　　没有料　　不成系统　　缺乏套路　　效果未知

图1-5　5类常见的表达问题

第一类，没有目的：讲了但是抓不住眼球，达不到目的

我几乎没做过什么演讲，但是有一次公开讲话失败的经历让我感觉很有

挫败感。

多年前刚入职一家传统行业的上市公司，由于我行业经验丰富，被挖过去直接做营销副总监。任职第二天和多个省份的分公司视频开会，确定我的任职。老板开会前从来不会说主题，那次会议前我没有做任何准备，让我发言时，我语塞了。

如果能再来一次，我会好好准备两点：自我介绍和对工作的几点想法。

现在想来，其实是自身意识不够。

——一位"30天演讲训练营"学员

### 第二类，没有料：没东西可以讲

最失败的一次演讲是在我刚参加工作的第一年，跟部门总监汇报工作时。当时，我只说了我都做了什么事情，进行了简单的数据对比，没有详细说明第二年的目标，在讲解每个过程中也缺乏过渡的句子，所以没能给领导留下好的印象。

——"30天演讲训练营"学员　维尼熊

### 第三类，不成系统：表达缺乏深度、系统性，无法打动人

我最失败的一次演讲是在我大学竞选班长的时候，尽管我做了准备，而且脱稿演讲，但是没有得到同学的回应。而且我说得太过感性，应该对某个点有所分析，但当时我只是按照自己的想法，随意地讲了几句。

而我的另一个作为嘉宾的师妹则是做了PPT，图文结合，做得很好，老师和同学们也是一致给她称赞。我至今还记得，当时我的内心是崩溃的。

总结起来，我是因为没有想好主题和分为几个部分，并且没有组织好语

言以及注意场合。

现在来讲，首先，我会事先考虑场景，判断是即兴演讲还是需要做备稿演讲。然后，事先到达会场，根据现场情况，做出合适的调整。

其次，我会准备大纲、了解现场是否需要放PPT、组织者对演讲嘉宾的要求或者期待。

最后，我会按照演讲的方法进行内心演练，做到合乎主题、理性又有逻辑性，大方得体，有条不紊。

——"30天演讲训练营"学员　咪噜

### 第四类，缺乏套路：表达缺乏套路，没有气场

我最近的一次失败经历是线上分享。虽然讲得很流畅，但我却感觉像完成任务一样，很没意思，感觉听众也不感兴趣。结果可想而知，听众全程都没有反馈，我也感觉到很紧张，一紧张，语速就快、语气就单调，整个演讲变成了"背课文"，没有一点成就感！

如果再来一次，我一定选好演讲主题，在开讲前就抓住听众的注意力。同时注意演讲内容的编排，将学到的知识点归纳组合，并用自己的话表达出来。一定特别注意，在表达时学会轻重缓急，不再一成不变。

——"30天演讲训练营"学员　凯

### 第五类，效果未知：没有收集反馈，不知道如何继续提升水平

每个月都有一次百人会议，我负责讲课、安排活动、邀请嘉宾等，也算是一次演讲机会吧。但这种练习方式有个缺点——无法录像进行自我反馈。讲是讲了，但效果怎样、有没有进步，我还缺乏能复盘的手段。

我现在的评判标准就是，通过观察大家是抬头还是低头进行微调；在研

讨环节，我会私下问几个人我有没有讲清楚。

2018年希望找到当地的与演讲有关的组织，获得更准确的反馈。

——一位"30天演讲训练营"学员

其实，我们可以用表达力模型解决这5种表达问题。

在表达之前，我们先想一想表达力的6个部分。

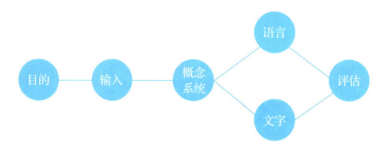

图1-6 表达力的6个部分

①表达的目的：分享、汇报、激励、销售。

一般来说表达有分享、汇报、激励、销售这4种目的。

在"分享"这种场景下，我们侧重讲一些听众没有听过或者没有深思的内容，给他们一个新的认识或者启发。

在"汇报"的场景下，我们侧重于信息的同步和争取支持。

在"激励"的场景下，我们侧重于让团队成员看到你做的事情是有希望的，而且有进展，在目前或者是未来有着良好的回报。

在"销售"的场景下，我们侧重于洞察用户的需求和建立信任关系。

这4种不同的表达目的，对应的其实是不同的表达方式和表达技巧。

②表达力的输入：带着目的，快速收集素材。

在演讲和写作的过程中，我们难免会需要素材。一般来说，人脑的记忆容量是有限的。所以，我们很难做到记住论据的每一个细节和数据。更多的情况是，你连论据都没有想好。

这个时候就要用到一些学习技巧，前提是你知道目的是什么，然后带着目的快速地找到那些可以拿来用的，而且能够让听众耳目一新的素材。

③概念系统：你的思维方式，决定了你的表达深度。

其实，很多人认为在互联网上，文章写得越简短到位越受欢迎。比如，一些社交软件只允许你发140个字以内的文字，以及只允许录15秒的视频。

这里有一个很有意思的现象，在这种短的娱乐化内容受欢迎的同时，那些有深度思考的一两万字的长文章在微信里的传播率和阅读量也都很好。

如果想让你的演讲或者是文章有一定的深度，能够真正打动一些有影响力的人，你对生活的观察就要比一般人深入。

④语言形式：信任感+画面感+启发感。

前面也说过，语言形式的输出，其实就是演讲。

在演讲的开头，你可以抛出一个让用户感同身受的问题，借此和他建立信任感。

在演讲的中间，具体描述一个场景，让听众产生共鸣，把他们带入到你的语境中。

在演讲的结尾，最好通过一些故事和金句，让听众有所启发。

⑤文字形式：对象+逻辑性+调动情绪。

文字形式的输出就是文章。

基于我个人的写作经验来说，我发现书面表达最难的一点就是需要有一个对象。

你的文章是针对刚入职场的年轻人，还是针对那些已经工作10年以上的部门负责人、总监，写作的角度是不一样的。

同时，好的文章要让读者能够很顺畅地读下去，有一本经典文案著作中讲到"滑梯效应"，也就是说，读者读了标题想读第一段，又想读第二段，直到读完。

这就非常考验作者的逻辑能力和调动情绪的能力，你能做到吗？

⑥效果评估：收集反馈+内容改进。

在演讲的过程中，重要的是你讲了什么，但更重要的是听众记住了什么。

在写文章的过程中，你要知道你写了什么，但更重要的是知道读者想要看什么。你的文章或演讲中，哪些内容让读者记忆深刻和产生共鸣了呢？

我发现其实大多数人在演讲之后，并不会问听众记住了什么，或者有什么改进建议。

最好的特级老师也需要学生的反馈来帮助他们不断改进授课效果，用在演讲上也是同样的道理。

比起熟练的技巧和打鸡血，更重要的是，你要直面听众的看法和反馈，这些才是最有价值的。

据说马化腾可以从普通用户的视角看用户如何使用互联网产品，以及如何让用户使用产品的体验与流程能够做到无障碍化。

表达力，就是把内容当作产品来做的一种能力。

# 小 结

第二章

表达力模型

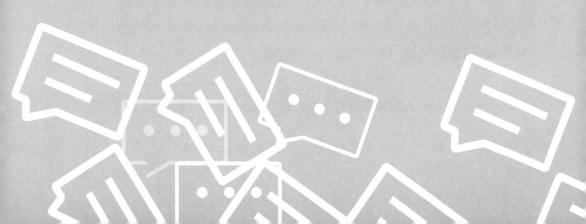

## 表达力的跨学科基础

市面上有不少有关演讲、写作的出版物，大多是作者的经验总结，甚至有些是随处摘抄的结果。

之前我翻阅了很多关于脑科学和神经科学的论文，想要找到一个宏观的框架去解释演讲与脑科学和神经科学有关。在请教了神经科学领域的博士缪文之后，我了解到，在语言和表达这个领域，目前并不存在一个大而全的脑科学、神经科学的宏观框架，目前人类对于表达相关的脑科学和神经科学的研究，更多是在微观层面上的。

在研究脑科学和我们的语言功能相关的过程中会用到脑成像的几种技术，比如，PET（正电子发射断层扫描）。大脑在进行某一项认知任务的时候，这个任务激活的脑区域的血流量是增加的。为了测量脑区域的血流量，研究者会将小剂量但是不影响个体健康的放射性示踪剂注射到个体的血液当中，然后再用装置扫描大脑，就可以测量示踪剂在大脑各个位置发出的信号，信号越强则说明这个大脑区域和当前的认知任务关联性越强。

在PET兴起之后，还有一项叫功能性磁共振成像（FMRI）的技术也被应用到研究中，它也是以测量血流量为基础的，但优点是不需要注射，它利用的是血中携氧血红蛋白含有铁分子，并具有磁性的特点。脑区活动更强，这一区域的血红蛋白分子就会失去氧气并且更具磁性，FMRI设备就可以检测血红蛋白对磁场反应的变化，来确定不同脑区的活动情况。

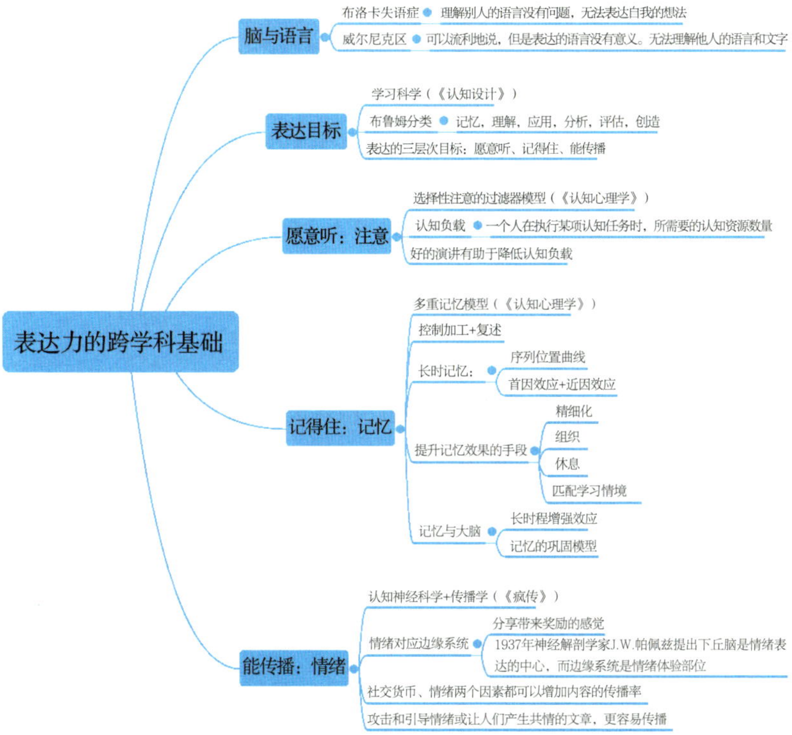

图2-1 表达力的跨学科基础

　　基于目前的脑科学研究，我们知道，大脑当中有特定区域负责语言相关的功能。

　　法国神经病学家布洛卡提出，额叶中的一个区域专门负责生成语言。他的观点来自他对失语症患者的研究。他发现，患者说话很缓慢、吃力，还会说出一些结构混乱的句子。这些患者在理解别人说话的时候不存在问题，但是在表达自己的想法时却存在困难。这些患者病逝后，通过对其尸体解剖，他发现他们的特定脑区受到了损伤，这个位于额叶的区域被称为布洛卡区。

另外一位学者卡尔·威尔尼克研究了另外一种病人后，发现这些病人颞叶中的一个区域受到了损伤，该区域现在被称为威尔尼克区。这些病人可以流利地讲话，而且不存在语法错误，但讲出来的话却没有意义，并且他们也没有办法理解其他人的语言和文字。

当我们知道了表达与脑科学、神经科学等不同领域都有关系之后，我们该用什么串联起与表达有关的不同知识呢？

**在我看来，最合适的"线索"莫过于表达的目的。表达的目的是影响他人。**

没有目的的表达，就无法评估效果，相当于是在浪费时间。

《认知设计》这本书里讲到，学习应该是有目标的。同理，表达也应该是有目标的。

书中，把学习的目标划分成6个层次：第一层是最基础的，记忆；第二层是理解；第三层是应用；第四层是分析；第五层是评估；第六层是创造。

这六种不同程度的学习目标，也被称为布鲁姆学问分类法。在教育过程中，认知设计是指应该尽可能地促进学习者达到下一个阶段的认知掌握程度。在表达这件事情上，我们也可以借鉴学习科学的概念。

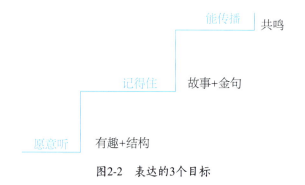

图2-2　表达的3个目标

在我看来，表达的目标也是分层次的：第一个阶段的目标是让听众愿意听或者是愿意看你的内容；第二个阶段的目标是在你表达之后，对方能够记得住里面的一些关键信息；第三个阶段的表达目标就是激发用户传播的意愿，这个时候有赖于用户的共鸣。

实际上，**第一个阶段的表达目标和认知心理学中"注意"的概念相关。**

因为在现实生活中，我们同时从环境里接收大量的信息，只有少量的信息能够通过我们的注意力进行筛选，然后记在脑子里。

作为一个表达者，如果你能够对认知心理学里有关注意力的理论有所了解，就会懂得如何更好地吸引听众，而且保持听众的注意力在一个较高的水平。

图2-3　注意过滤器模型

心理学家肯德拉·切莉（Cherry）通过实验发现，对于一个听众，同时在他的左耳和右耳提供两种不同的信息，实际上他只能够注意到一种信息。

对此布罗德本特（D.E.Broadbent）提出了注意过滤器模型来解释选择性注意是如何产生的。

感觉记忆可以短暂地保存所有的信息。注意过滤器会根据信息的一些特性，比如通过讲话者的语音、语调、语速来选择值得注意的信息，并把这些信息传递到下一个阶段，其他的信息都会被过滤掉。

大脑中的探测器加工的信息会判断这个信息是否有意义，过滤器只会让那些重要和被注意到的信息通过。短时记忆会接收探测器输出的信息，保存10—15秒，然后再把这些信息转移到长期保存的长时记忆当中。

认知资源理论的观点认为，一个人有着一定的认知能力，可以执行不同的认知任务。

我们在执行某一个认知任务的时候，所需要认知资源的数量，就是我们执行特定任务的认知负载。**一场好的演讲应该是能够降低听众的认知负载的。**

举个简单的例子，一个很复杂、文字冗长的PPT不能用作你的演讲提示，原因就在于一个人总体的认知资源是有限的，当听众把大量的认知资源投放在理解复杂的PPT的时候，就没有办法专心听你讲，并跟上你的思路。

**表达的第二个阶段目标叫作记得住，与认知心理学里"记忆"的概念息息相关。**

因为对于我们的大脑而言，我们存在感觉记忆、短时记忆和长时记忆组成的多重记忆模型。

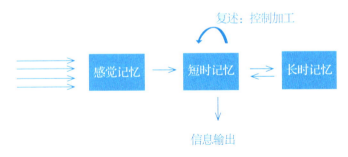

图2-4 多重记忆模型

感觉记忆是最开始的阶段，可以包括所有信息，持续几秒或者几分之一秒。短时记忆包含5—7个信息，持续15—30秒。长时记忆包含大量信息，可以维持几年甚至几十年。

复述，其实就是一种控制加工，指的是通过一遍又一遍的重复信息，让它们在大脑中保留的时间变得更长。

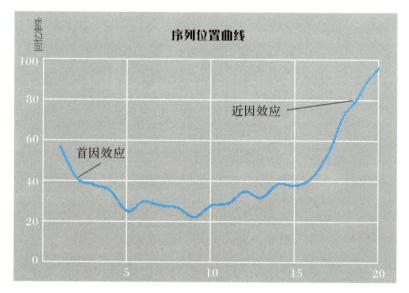

图2-5　影响长时记忆效率的序列位置曲线（近因效应和首因效应）

默多克进行了一个实验：一个人以两秒读一个单词的速度，向另一个人读出大概20个单词后，再请对方写出他所有能回忆起来的单词。

他发现，在样本量大的情况下得到一个曲线，读第一个单词时，由于听众的注意力是最集中的时候，所以近60%的人能够回忆起来。

在序列位置曲线中，起始位置的刺激表现出的记忆优势被称为首因效应，可能的原因是听者有更多的时间来复述这些单词，并把它转入长时的记忆中。

末尾刺激所表现出来的记忆优势，被称为近因效应。对近因效应的一种解释是，最近呈现的单词仍处于短时记忆当中，所以回忆率比较高。

《认知神经科学》里提及神经科学中存在一种效应，叫作长时程增强效应（LTP）。指的是大部分与记忆有关的模型认为记忆是在神经网络中的神经元间的突触强度变化的结果。

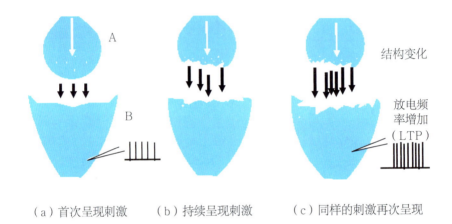

（a）首次呈现刺激　　（b）持续呈现刺激　　（c）同样的刺激再次呈现

图2-6　长时程增强效应

赫布在1949年提出突触在突触后神经元被激活时受到刺激，突触将被增强。布利斯等人的研究细化了这一假设，刺激兔子孔状通路的轴突使兴奋性突触后电位的幅值增大，以至于稍后的刺激在齿状回颗粒引发更高的突触后反应，这一现象被称为"长时程增强效应"。

当我们更加了解记忆在大脑当中的原理的时候，我们就可以找到一些有效的手段提升听众或读者对于你表达内容的记忆效果。

举个最简单的例子，基于记忆的工作原理，我们要在演讲的开头和结尾植入最重要的主题和观点，并加以重复。

**此外，我们还可以通过精细化、组织、匹配学习情境等一系列的方法，提升我们的表达能力。**

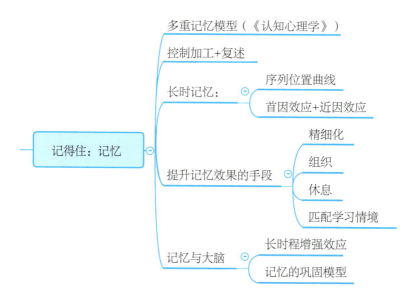

图2-7　表达的第二个目标：记得住

　　"精细化"指的是将新旧知识概念联系在一起，有助于我们理解新的知识。"组织"讲的是通过绘制思维导图（如上图）的方式降低我们学习新知识的认知负载。"匹配学习情境"讲的是，在真实的应用场景下学习的效果往往会比在虚拟环境下更好，就像我们要在水里学会游泳，在马背上学会骑马一样。


　　**最后一个阶段的表达目标是传播。**在我看来，它和认知神经科学以及传播学领域研究的情绪息息相关，情绪在我们的大脑中对应的是边缘系统。

　　大脑中的边缘系统是在我们还是爬行动物的阶段就已经形成的，相对于我们在直立行走之后，才开始形成的理性思考的新皮层，边缘系统的反应速度更慢，但是它对人的行为的影响往往更强大。

　　这也是心理学著作《象与骑象人》当中所描述的心理学领域最前沿的研

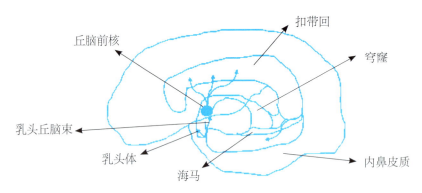

图2-8　帕佩兹环路：情绪中心——下丘脑

究成果。

1937年神经解剖学家J.W.帕佩兹提出下丘脑是情绪表达的中心，而边缘系统是情绪体验部位。他提出了帕佩兹环路，认为精神活动（假设是新皮层活动的结果）或乳头体的活动均可引起情绪体验。源于新皮层的神经活动传入海马，经穹窿传到乳头体，通过乳头丘脑束传到丘脑前核，再由丘脑皮层放射而到扣带回，然后再传到海马，而完成这一环路。

扣带回的兴奋影响大脑皮层，并在这里把情绪色彩附加在意识体验上。之后P.D.麦克莱恩修订了这个学说，他添上了杏仁核，强调海马回的重要性，并认为扣带回是次要的。

对于表达者而言，我们知道了情绪的生理机制之后，就懂得如何更好地去激发用户的情绪，引发内容的二次传播。

传播学著作《疯传》里讲到社交货币、情绪两个因素都可以增加内容的传播率。

举个例子，比如通过表现攻击性和引导情绪让人们产生共鸣的文章《男人都是×××》《男人看了会沉默，女人看了会流泪》，这类内容由于有情绪引导的部分，所以更容易获得传播。

　　我写下这部分文字，目的就是希望把在学习科学、认知心理学、认知神经科学、传播学领域中和表达这件事有关的一些微小的研究，系统性地呈现给大家。让大家在提升自己表达利益的过程中，不只是一味地靠练习和经验积累，还能够多上哪怕一点点的科学化的方法。

# 表达高手不会告诉你的表达力模型

## 为什么说表达力是有模型的

我们在日常的工作和生活中，见过太多没有水平的表达。比如，我们身边总有些人，打个电话，半天说不到重点；写封邮件，别人看了不知道要干什么；向老板汇报时，说不到让人支持你的点。

这些失败的表达背后，缺少的是表达力模型。

其实，表达这件事是有套路可循的。借助表达力模型，我们可以表达得更成体系，也可以进一步检验我们是否达到了预设的目的。

在大学期间，我很偶然地听过两场俞敏洪的演讲。基本上他的高校巡回演讲，开头总是要讲到3次高考，最后才考进北大，还有"尽管男女数量刚好是1∶1，但是班上还是没有女生喜欢自己"的故事，以及讲到和徐小平认识的过程，而且总少不了要说一下，他最早是靠给这些老师倒开水才混进圈子的。

现在作为一名专业的演讲教练，我再回忆一下当时大学期间听到的他的演讲，发现里面满满的都是"套路"。

首先，他的演讲80%以上的内容是固定的。因为这部分内容经过了大量的实践检验，是受听众欢迎的内容，并且可以保证整体演讲的效果。另外20%是灵活发挥的内容，可以增加他与现场观众之间的对话感，提升最后的演讲效果和现场氛围。

其次，他讲自己高考考了3次才上北大的囧，这是告诉大学生，"谁也不是很聪明的天才，都是靠后天的努力才取得的成绩"。

最后，关于没有女同学喜欢他以及只能给徐小平老师的沙龙活动端茶倒水，这两个小故事其实是告诉大家"我其实和你们一样"，拉近与学生们的距离。

正是在听完俞敏洪老师的两次不同场合演讲之后，我发现**表达是有套路的**。

很多人可能都有着类似的经历，越是擅长一个领域，就越愿意花时间去增进这一方面的技能。

当我研究得越发深入，我就越擅长表达。当我表达得越多，我的收获也就越多，一切就开始进入良性循环。

### 什么是表达力模型

**表达力模型主要包括5个部分：输入、目的、思维体系、输出、反馈。**

这5点在逻辑上有关联性，有目的的输入才能收集更多新鲜有趣的故事，从而形成体系化的思考，最后通过语言或文字的形式表达出来，打动人心。而最后一点，我们要根据反馈来判断是否达到了表达的目的。

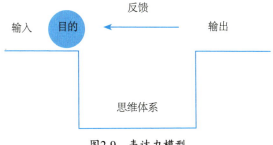

图2-9　表达力模型

·**输入**。讲的是你在系统性地表达之前，要先了解其他人的表达风格、受众的偏好等。

·**表达的目的**。目的就像是为抽水机提供的动力一样，可以让整个表达的过程循环起来。

·**思维体系**。讲的是对于不同概念之间关联性的理解，你能不能把概念串联成一个有机体。

·**输出**。文字和语言，这两种输出形式分别对应写作和演讲。

·**反馈**。旨在通过了解表达的效果，更好地改进输出的方式，达到我们的表达目的。

## 表达力模型有哪些用途

①**检查你的表达，是否形成了有效闭环。**

不论你是写作还是演讲，都可以对照表达力模型检查一下自己有没有针对这次表达去搜集大量资料，包括一些新颖、鲜活的故事。同时，你还要考虑你表达的目的是什么，是为了传递知识还是激励，或者是推销宣传。

在内容的逻辑上，我们可以对照自查每一个论点之间是否有内在的逻辑联系，比如是递进关系，还是并列关系。

输出形式：我们是否选择了最合适的形式，比如相对正式的表达更适合书面，而口头的表达更容易让听众在情感方面形成共鸣。

最后，我们要收集反馈来判断我们是否达到了预设的表达目的、程度如何。

②**提供表达能力自检的对标和参考，方便你找出自己表达中的薄弱环节。**

如果你在搜集资料的能力上较弱，那么你可以看看别人是如何搜集资料的，也许你就会发现不一样的资料搜集方法。

如果你表达的目的性不够强，你可以试着在每次表达之前，问问自己"写这段文字或者讲这段话的目的是什么？"然后再动笔，这样你的表达会更有针对性。

如果你的思维不成体系，可以把日常生活中遇到的事情都总结下来，写出2—3个点再说出口，通过这种被动式的联系来提升自己思维的条理性。还有一种构建思维体系的方式是，把自己在某一领域的知识画成一张思维导图，主动构建思维体系，并且查漏补缺。

如果你不擅长口头和文字的输出，就可依赖于模仿，或者进行大量的实际操作（我会在后面的章节中给你专门的练习建议）。

如果你不善于有效地收集反馈，那么，你可以从小处做起，比如，每次写完文章或者讲完话，问问对方："听懂了吗？"

**一个人要想提升能力，就得从发现自己的不足开始。**

**③借助表达力模型，形成和完善自己的思维体系。**

假设你是一名设计师，你设定了一个成为一流设计师的目标，然后通过大量的阅读和实践，总结出一套自己的设计理念，同时用"作品+文字"表达出你的理念，最后通过收集反馈了解你的理念是否有效地传递了出去。

比如，建筑家安藤忠雄设计了《光之教堂》等一系列作品，实践和落实自己的一种理念："通过将自然和光引入那些与城市环境相隔离的简单几何体中，我创造了复杂的空间。我把非凡注入到最为平凡的熟悉的环境——住屋之中，并以此促使人们重新认识平凡。"

在表达力模型中，表达的目的让不同模块达到一个良性循环。

借助表达力模型，我们可以检查自己的表达是否形成了闭环，可以检查和提升自己的表达能力，形成并完善自己的思维体系。

我希望你能够运用好表达力模型，提升日常表达的效果。

小 结

# 用好这6个心理学原理，提升表达自信

## 表达的套路

"表达的套路"，一方面指的是表达过程中的套路，比如结构化、讲故事、穿插一些幽默哏，它们可以帮助听众更好地记住你想表达的内容；另一方面是指表达能力的成长是有套路可循的。

我们可以总结出5个层次，来看一个人的表达水平是如何发展的。

### 层次一：没信心、没套路。

大约60%的人所处的阶段是没信心、没套路，他们既不知道表达这件事有什么价值，又没有表达的意愿，也缺乏相关的场景，更谈不上有自己的表达套路和成功的经验。

### 层次二：有信心、没套路。

大约15%的人所处的阶段是有信心、没套路。原因在于他们已经初步意识到了表达这件事的重要性，但是没有表达的技巧，也缺乏训练，所以到最后，表达效果往往不尽如人意。

### 层次三：有套路、没信心。

还有15%的人可能接受过一些传统的演讲培训或者学过写作，对于套路如数家珍，但是他们却没有动机，也没有自信通过表达这件事去影响他人。

### 层次四：有套路、有信心。

大约9.9%的人可以通过层层考验成为表达高手，一方面，这些人在不断的演讲与写作中找到自信；另一方面，通过自己的归纳总结，再加上系统化学习不同领域高手讲故事、营造氛围或者是影响他人的手段，可以达到有信心、有套路的阶段。

### 层次五：有套路、有信心、有方法论。

只有0.1%的人能成为真正的表达大师（Master），如提出"喜剧都有一个悲的内核"，发展了喜剧表演理论的陈佩斯老师；《故事》一书的作者、知名编剧罗伯特·麦基，他们都是此中翘楚。

一方面他们有着丰富的实战经验，另一方面他们在系统地总结前人和自己的实践经验基础上，发展出了有一定普适性的表达方法论。

这里要补充的重要一点是，"套路"和"方法论"的区别在于，套路是一个小而好用的表达技巧，比如以故事开场或者多讲幽默哏，但套路本身是达不到类似尼采所著的《悲剧的诞生》这类方法论的高度的。

"有套路、有信心、有方法论"的阶段，也是我在"表达力"这件事上努力的方向。

表达过程中我们心态的变化，是一个先求胜，后求败的过程。

武侠小说《神雕侠侣》里，杨过是在剑魔"独孤求败"的剑冢里感悟到不同阶段的用剑境界：

第一个阶段是，一味地勇猛刚强。

凌厉刚猛，无坚不摧，弱冠前以之与河朔群雄争锋。

第二个阶段是，能屈能伸。

紫薇软剑，三十岁前所用，误伤义士不祥，乃弃之深谷。

第三个阶段，因为之前的积累，他已经可以不需要太多招式，一出手就正中目标。

重剑无锋，大巧不工。四十岁前恃之横行天下。

最后一个阶段是，独孤求败用的不过是一柄木剑，境界有点高深，大约是"无招胜有招"的意思。

四十岁后，不滞于物，草木竹石均可为剑。自此精修，渐进于无剑胜有剑之境。

演讲也是如此。刚开始学演讲，我们一味地想通过自己的语言和词锋打得对手落花流水；进阶之后，已经懂得什么时候沉默一下更能打动对方；成为表达高手之后，不需要太多花招，看似普通的话语却有着直透人心的力量。

## 用好6个心理学原理，建立表达自信

### 安泰效应：找到力量源头

安泰效应源于古希腊神话。有一个大力神名叫安泰，他是海神波塞冬与地神盖娅的儿子，他力大无比，百战百胜。但他有一个致命的弱点，他一旦离开大地母亲的滋养，就失去了一切力量。他的对手刺探到这个秘密后，把他高高举起让他离开地面，在空中把他杀了。

后来，人们把一旦脱离相应条件就失去某种能力的现象称为"安泰效应"。

我们每个人在培养表达自信的时候，也要先找到自己的力量源头，它可能是你十几年的职业经验积累，也可能是你的学习能力。

**对于我而言，我的力量源头是我的见识和对于趋势的把握能力，以及积极表达的自信。**

### 成长型思维与大脑可塑性

一直以来，成年人的大脑被认为是一成不变的，但是现在神经科学的研究表明，学习可以强化我们神经突触之间的联系，提升信息传递的效率。也就是说，大脑并不是一成不变的。

美国心理学家杜依可（Carol Dweck）在研究中发现，关于学习过程中的困难有两种认知思维：成长型思维（Growth Mindset）和固定型思维（Fixed Mindset）。

| 固定型思维的人 | 成长型思维的人 |
| --- | --- |
| 相信人的能力是一成不变的 | 不断成长，相信成长 |
| 相信天赋 | 相信努力 |
| 避免挑战，更容易放弃 | 拥抱挑战，更不容易放弃 |
| 回避批评与反馈 | 将批评与反馈视为改进的提示 |

表2-1 两种认知思维对比

此外，杜依可教授还用脑电图对两种思维的人进行了对比，拥有成长型思维的人，脑部的脑电波活跃程度，要远高于那些固定型思维的人。

### 心流效应

心理学家米哈里·契克森米哈赖提出了"心流"的概念，特指我们把注意力完全投注在某活动上时产生的充实感和兴奋感。

能够进入心流状态的活动一般具有以下特征：

有清楚的目标。

能及时反馈。

我们对这项活动有主控感。

在从事活动时我们的忧虑感消失。

主观的时间感改变。例如，我们在看书特别投入的时候，感受不到时间的消逝。

我们会不断优化以越过障碍，这些事往往是具有一定挑战性的。

当你从事的活动属于"低挑战、低技能发展"状态的时候，你会感到无聊，没有目标。

当你从事的工作属于"高挑战、低技能发展"状态的时候，你会感到焦虑，没有主控感。

当你从事的工作属于"低挑战、高技能发展"状态的时候，你会感到厌烦，反馈获得的成就感不强。

**最好的状态是"高挑战、高技能发展"，即心流状态。**

### 延迟满足

曾任斯坦福大学心理学教授的沃尔特·米歇尔设计了一个著名的棉花糖

实验。研究人员找来数十名儿童，让他们每个人单独待在小房间里，里面只有一张桌子和一把椅子，桌子上的托盘里有一些儿童爱吃的东西，比如饼干、棉花糖等。

研究人员告诉他们可以马上吃掉棉花糖，而如果等15分钟后研究人员回来时再吃可以再得到一颗棉花糖作为奖励。

大多数的孩子坚持不到3分钟就放弃了。只有不到三分之一的孩子成功抑制住了自己对棉花糖的欲望，等15分钟后兑现奖励。

结果，回访发现他们的成绩比那些马上吃糖的孩子更高。而且，在成年之后，不论是身材还是职业发展都会比那些无法"延迟满足"的孩子更好。

### 反馈效应

"反馈"原本是控制论的基本概念，指将系统的输出返回到输入端并以某种方式改变再输出，以起到控制系统功能的作用。

心理学借用这一概念，以说明学习者对自己学习结果的了解，而这种对结果的了解又起到了强化作用，促使学习者更加努力学习，从而提高学习效率和成绩。

这一次的成功会增强一个人的某项能力，从而使下一次再做成这件事的可能性增大。最后，形成一个正向循环。

### 罗森塔尔效应（皮格马利翁效应）

心理学家罗森塔尔随机选出了某个学校中某几个班级的老师，跟他们说：我发现你们班上有一部分学生很优秀，你们要多用心辅导他们。

结果发现其实并不是特别优秀的这批学生，在老师积极的心理状态的影响之下，最后的考试成绩真的比其他班级要高，而且这些学生变得更加自信、活泼开朗。

罗森塔尔效应，讲的是人际期望，即一个人对另一个行为的期望本身将导致该期望成为现实。

**来自他人正面积极的心理暗示，对于我们塑造自我认知具有强大力量。**

　　表达能力是有套路可循的，我们需要通过心态的调整、技巧的练习，让自己努力达到有套路、有信心、有方法论的阶段。

　　在这个过程中，我们要借助安泰效应找到自己的表达自信的源头；借助成长型思维强化我们表达能力相关的神经突触之间的联系；提升我们的学习效率，达到心流的最佳状态；提升自己的坚持能力，获得延迟满足感；通过反馈，了解我们学习的效果；多给自己积极的心理暗示。

　　最后，我希望你可以达到无招胜有招的说话境界。

# 小　结

第三章

# 表达的目标

# 如何设定合理的表达目标

## 好目标的价值

管理学兼心理学教授洛克（E.A.Locke）和休斯于1967年最先提出"目标设置理论"（Goal-Setting Theory），认为目标本身具有激励作用，能把人的需要转变为动机，使人的行为朝着一定的方向努力，并将自己的行为结果与既定的目标相对照，及时进行调整和修正，从而实现目标。

如果你和一个刚认识的人一上来就谈人生，恐怕别人会觉得你不正常。

在职场上的沟通大多是有目标的，比如向上的沟通有的时候是为了同步进度，或者是为了请求老板的决策，抑或是为了获得资源。

**你只有明确了表达目标，才能找到合适的表达形式。**

比如，"电梯演讲"这种表达在30秒内要和高管讲清楚一件事的重点，你就不能按照正式汇报一样准备，而是直奔主题：你要讲什么事，为什么要对方关心，你希望对方做什么。

用对的方式表达，你才能得到正确的结果。

那么，设定一个好的目标，对我们自身有什么价值呢？

懂得设定好的目标的人，他们身上都有的一种特质就是特别具有"自我效能感"。换言之，在迎接未来挑战的时候，你有没有一种兴奋感，按捺不住自己跃跃欲试的心。

**这种面对挑战的兴奋感，就是自我效能感。**

自我效能感高的人，面对挑战时看到的是机会，这类人容易感到兴奋，往往更容易把一件有困难的事做成。同时他们做事情的韧性也更强，越是困难越是不容易放弃。

设定合理目标—做成一件事情—自我效能感提升—更容易做成其他事情，这是一个良性循环，你会变得越来越有信心。

## 不同的目标，不同的套路

如果你的目的是把产品推销出去，那么你就可以告诉对方产品很容易使用——这是一种套路，让对方觉得这些东西他也学得会。

比如，我有个教新媒体营销的学员是中专学历，但他靠抓住新媒体的机会实现了年薪百万。你看，有些事情不分学历高低，任何人都能学会，并做好。现在，他的线上新媒体课程卖了20000多份。

我的目标是给学员讲课，为了让学员有一定的收获，一方面我们会在课程里提供足量的信息，确保每个学员都能学到对他们有帮助的知识；另一方面，我们为了保证他们的注意力集中，会设置一些练习环节，确保他们能够把这些知识用起来，而且内化成为个人技能的一部分。

## 4种常见的表达目标

### 建立信任：权威+社会认同+坦诚

有的时候为了建立信任，你可以讲讲自己的故事，包括自己干过的一些傻事。

因为根据心理学原理，当你跟别人分享自己的故事时，相当于把自己的一些个人信息分享给了特定的对象，这属于一次"自我袒露"（Self-Disclosure），如果对方也愿意透露一些个人信息，那么你们就完成了一次隐秘信息的互换。这种互换有利于快速拉近距离，建立好感。

当然还有一种帮助你建立与听众信任的方式：借助权威和社会认同。

"权威"是指你之前服务过的某些知名企业、你发表的文章、出过的书，等等。比如我自己曾是长江商学院CEO班的演讲教练，这就是一种权威。如果我说，我有累计超过6000名线上学员，这表达的就是一种社会认同。

这背后的逻辑就是已经有很多人认可我了，你也可以相信我。就像很多商家夸自家的品牌一样。

### 抓注意力：段子+互动

如果你在演讲过程中，要暖场或者是拉近自己与听众的距离，你就可以问听众一些问题，比如："你们有多少人是产品经理，有多少人是程序员？"

如果程序员比较多，你可以和他们讲一个调侃产品经理的段子；如果是产品经理比较多，你就可以和他们讲一个调侃程序员的段子。这种根据现场观众而调整的互动，往往效果不错。

此外，你也可以表达一些自己和听众的共同点。比如，我在互联网公司培训高管的时候，经常会告诉对方，我之前在腾讯做过技术和品牌相关的工作，自然大家就更容易有共同语言。

### 引发记忆：设置拍照点+金句

在表达的过程中，我们都会希望听众能够记得住我们讲的一些主要观点。一方面，我们可以在演讲中设置一些金句（这一点有专门的章节来讲）；另一方面，我们可以在分享中提供一些拍照点，比如，一些对比很鲜明的数据和图标，或者我们总结的模型与方法论。

根据我自己的课程调研，我发现，"好演讲的三个标准"这样的知识点，或者是"好的演讲内容的三个层次"这样的模型很容易引发听众的拍照行为。

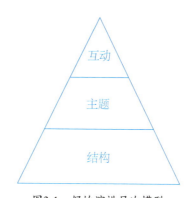

图3-1　好的演讲层次模型

听众愿意拍照，反映的是他们对你所讲内容的一种认可，他们希望拍下来以后还可以回忆。

### 引起共鸣：大段大段的细节

我最好的朋友是个程序员，前段时间从大型电商网站离开了。现在在上海拼搏，典型的精英人才，最近貌似过得很自在。

前女友目前在备战考研，她的成绩不太好，很努力地在学习中，不知道会考得怎么样。

一个同学出国留学没成功，我把她介绍到自己公司成了同事。由于压力太大，最近离职了，打算做点自己喜欢的事情。

我的朋友（知乎上的泱央）在回答"1990年前后出生的人现状如何？"时写了这样一段开头，在很大程度上给了很多年轻人以代入感。

　　设定表达目标的意义在于，我们可以找到最短的表达路径，从而更加高效地达到我们的目标。同时，每个表达者都有机会根据自己的特点，发展出自己的表达风格。

# 小　结

## 表达的4种目的

有的人讲得很多，但是听众什么都记不住。

你有没有过这样的经历：面向朋友或同事讲了一堆话，但是对方却不能理解，甚至他们还会反问你："你想说的意思其实是A＋B＋C三点吗？"——看来，这样的表达让对方很困惑哪。

我听过一些老教授和企业家的演讲，他们特别擅长把一件简单的事情讲得很复杂，或者说你给他半个小时，他非要超时到一个小时。但是如果你问听众，这位教授一个多小时讲了什么？

十有八九你会得到这样的答复："他好像说了很多，但是我啥都没记住。"

相信我们每个人都可能碰到过"话痨"，他们特别喜欢把一件事情反反复复地讲给不同人听，甚至以此为乐。

对于"话痨"而言，他们可能自己都没有想清楚为什么要讲这些话，这些话对他们自己是否有帮助，对于听的人而言是否有帮助。

当我成为一名高管演讲教练之后，我发现其实这都是"病"——得治。

第一种病叫作"逻辑缺失"。

第二种病叫作"没有重点"。

第三种病叫作"没有意义的废话"。

正是因为有这些问题，有的人才会讲得很多，但是听众啥都记不住。

有的人讲得很少，但是听众记住了。

比如梁启超的《少年中国说》中的一句"少年富则国富，少年强则国强"，百余年来一直激励着中国的一代代的年轻人。再如，乔布斯的一句"stay hungry, stay foolish"激励了数以百万的互联网从业者，深研产品、创新。

其实这就是我们的日常表达所要努力的方向。

我们用30秒的时间来看两句话：

第一句：由于学生对网络的喜好，利用网络以及多媒体技术对学生进行指导会让学生更容易接受新知识，而且学习效果更佳。所以，教师在网络环境下对学生进行心理学教学与心理干预，对提高学生的能力、促进学生的全面发展、提高学生对社会的适应能力具有积极的作用。

第二句：有些人表面上很风光，背地里连一只猫都没有。

现在，我想问你，这两句话你记住了哪句？

当然是第二句。因为第二句话不仅简短，而且接地气儿，还有点风趣和哏，很容易记得住。

反观第一句话，太拗口、太长了，一点都不通俗。

**表达这件事也是如此，少即是多。**

我们说一句话的目的是让听众听懂，然后采取行动。

**知道目的是什么的演讲才能击中人心。**

我的一位学员在"30天演讲训练营"里分享了她的一个真实故事。

前段时间，公司管理层召集各部门领导和业务主管开会讨论一个议题，主要围绕一个新项目的试点推进情况进行阶段性总结。因为会议是领导故意临时召集，所有人都没有任何准备，而且在场的人都要上台发言。很明显，领导就是为了看看大家对这个项目的认知情况。

我迅速分析了领导的需求：

第一，对于新项目，他想大力推进，却又暂时进展缓慢。所以他想测试在场人员对新项目的理解是否到位。

第二，新项目最终需要由一线营销人员执行，所以他应该很想知道营销人员对项目的真实看法，但作为管理者，其实很难听到真实的一线声音。

第三，新项目进展缓慢。作为发起者，他其实更想鼓励在场的人，告诉大家项目值得做。

所以，如果所有人的发言都集中在分析各种可控或不可控的问题上，一定会违背他最初的想法。


基于以上的考虑，我的发言主要说了以下几点：

首先，我讲了一个故事，是我的亲身经历。我讲了自己曾经在一线时做的一件事，那件事跟这个新项目很相似，我用真实经历告诉大家，我是怎样做的这件事，收获远超出我的预期。

……

最后，我又把话题带了回来。我当年做的那件事跟今天的主题很相似，新项目对一线人员会产生深远影响，具体我们可以怎样做。

因为她分析了会议召集人（领导）的需求，她的发言得到了管理层和多个部门领导的认可，成为当天唯一一个被当场表扬的人。

一般来说表达有分享、汇报、激励、销售4种目的。**只要你能达到目的就好，并不一定要追求长篇大论。**

2018年新年期间，我在为3月的"30天演讲训练营"写招生文案，其中有一篇不到200字的文案，转化率甚至是我写其他3000字一篇文章的3倍。

我是这么写的：

你过年在抢红包。

你的对手在看书。

你的闺密在减肥。

隔壁老王在练腰。

比你优秀的人比你还努力。

过年了，送自己一个改变！

贺嘉30天演讲训练营第3期，过往学员600人+，包括网易市场总监、今日头条总监等，演讲训练营与课程的最大区别在于，课程买了你可能还是没有动力去听，但是在训练营中，看到那些比你优秀的人比你还努力，你的学习动力是不是马上满格？

通过30天打卡+6次作业的刻意练习，让你真正开口，学会演讲这件事……

其实这短短的文案主要分为3个部分：建立代入感+激发购买欲望+鼓励行动。

开头的四段话凸显的是其他人的努力，为读者制造紧迫感。

中间的"过年了，送自己一个改变"是告诉读者，可以把我的训练营当作礼物送给自己。

结尾的"过往学员600人+"包括"演讲训练营与课程的最大区别"这

是为了让用户完成购买前的临门一脚。

由于同时提供了代入感，激发了读者的欲望，所以这篇不到200字的文案可以实现3倍于3000字文章的转化率。

这篇文案再次证明了，很多时候厉害的表达在于，**用最少的话达到你的目的**。

真正厉害的表达在于，用最少的几句话达到你的目的。

我不怕你说的少，只怕你打动不了我。

# 小 结

## 如何提升自我效能感

做事进入了恶性循环，问题就出在自我效能感太低。

在亚洲国家里，日本人非常重视学生的英语基础，记单词也非常努力，所以日本人的考试能力是没问题的。但他们不重视英语的听、说、读，大多数学生也没有良好的语言环境。

因为日本人开口说的机会少，发音标准的成功经验也很少，所以开口时多少会显得底气不足，导致自我效能感很低。也正是因为非常不自信，日本人甚至会主动避免说英语的场合，少说或者不说，久而久之就形成了英语口语差的恶性循环。

有人做过一项调查，在亚洲48个国家和地区里面，日本人的托福成绩排名第27位，而他们的口语成绩甚至是最后一名。

三四年前，网上流传过一则日清杯面的广告，创意就来源于日本人对自己英语口语独特口音的疯狂吐槽。他们觉得"会发R音好厉害！"

日本人英语口语差不是因为能力低，而是因为自我效能感低——越不敢说，英语口语说得就越差。

**我们生活中的很多人，都是输在了自我效能感低这一点上，而自我效能感与我们目标设定的高低有很大关系。**

目标定得太低，你会丧失成就感；过高的目标又会让你遭遇挫折，充满挫败感。

就像健身时，你一开始卧推能够做的重量是80公斤，但你一上来就给自己加到140公斤的重量，这已经超出了你的肌肉所能承受的极限，结果你的胸肌拉伤了，最后你连80公斤的卧推也做不了，这就是目标过高。

最合适的目标，应该是你"跳"起来才够得着的。完成目标之后，你的自我效能感也能得到提升，你将更有信心去面对后面的挑战。

**最合适的目标的3个标准：可量化+有时限+有挑战性。**

"可量化"的意思是指你的目标应该包含一定的数字，以便你能随时知道目标完成了多少。

比如，你设定一个工厂生产线的质量目标，不应该采用"把质量水平提升到优秀水平"这种笼统而模糊的表达，而应该更为具体，比如残次品率降低0.1%。

目标需要有时限的原因是，过于长期的目标可能无法让你产生紧迫感，比如让你1年后考过司法考试，你可能等到还剩1个月的时候才开始紧张准备。

与此相反，我们有时需要设定1—3个月的目标，因为这类目标的长度刚好可以保证我们在日常工作中，主动关注和思考手头的工作与中期目标之间的关系。

目标需要有挑战性的原因是，相当容易的目标不足以引起我们的兴趣，激发我们努力；适当困难程度的目标可以维持高的努力水平，同时完成这一目标可以给我们带来成就感。

这里，举一个设定"跳"起来才够得着的目标的例子。

对于一个想要成为作家的人来说，他一开始设定的目标不应该是拿诺贝尔文学奖。因为这个目标对于他而言太高了，而且实现这一目标的可能性约等于0。

对他而言，有一定挑战性但是还是有可能实现的，而且量化+有时间限制的目标更为合适。

他可以花3个月时间，写20篇不少于1000字的文章，给《故事会》《微型小说选刊》《读者》等杂志投稿，至少过稿一篇。

好目标的第一个标准是可量化，这里是写20篇不少于1000字的文章。

好目标的第二个标准是有时间限制，这里是3个月时间。

好目标的第三个标准是有挑战性，这点体现在要给《故事会》《微型小说选刊》《读者》等杂志投稿，至少过稿一篇。

一个你要"跳"起来才够得着的目标才是合适的目标，也能够提升你的自我效能感。

设定"可量化+有时限+有挑战性"的目标，能让你更容易获得成功体验，成功体验的积累可以增强你的效能感，让你在有挑战性的目标前能够保持兴奋状态，跃跃欲试，这样你成功的概率也会提高。

这种正向激励可以帮你不断突破自己的边界，摆脱人生困局，未来之路能越走越宽。

除了设定"可量化+有时限+有挑战性"的目标外，还有几种方式也可以帮助我们提高自我效能感。

首先，成功的经验能够提高个人的自我效能感。我们要多尝试一些能够给自己带来成就感的小事，通过不断积累经验，我们在真正重要的项目上也会取得成功。

其次，与积极向上能够完成富有挑战性的目标的小伙伴做朋友，看到别人做成一件事对我们的自我效能感也有正面的激励作用。

比如，你的前同事成功地从全职妈妈重返职场，还晋升为HR总监。这对同样是全职妈妈的你来说，在重返职场这件事上的自我效能感一定有正向提升作用——看到与自己情况相近的人成功，也能促进自我效能感的提升，增加你实现同样目标的信心。

再次，影响自我效能感的信息源是他人的评价、劝说。在直接经验或替代经验的基础上进行劝说、鼓励，效果最大。一个成功公开演讲过的同事，和你分享一些演讲中消除紧张的技巧，也能帮助你提升接下来演讲的信心。

最后，影响源是来自情绪和生理状态的信息。比如，紧张、焦虑容易降低人们对自我效能的判断力，我们可以通过深呼吸、冥想等方式减少自己的焦虑，同时提高我们的自我效能感。

# 小 结

# 以终为始，成为解决问题的高手

在诸如求职、跳槽、跑马拉松等各类问题的求解过程中，我发现有些人完全没有头绪，也不知道从何下手，而另外一些人很快就找到了最短路径，马上着手去做。

今天要给大家介绍的这种以终为始的拆解问题的方法，就是要帮助你成为一个解决问题的高手。

假设情景：某家药厂的科研人员，他的领导是研发部门的负责人，二人的学历都是博士。他现在职业发展的目标之一就是达到他领导的高度。

通过分析这位领导的成长曲线，你会发现有3个关键节点：

第一是他拿了博士学位，而且他有不止一个成功的科研项目，这些项目是他职业发展的最重要的基石。

第二是他积极地参与学术和行业的会议，在很多论坛中做主题发言人的机会，让他认识了很多行业大佬。

第三是现在这家制药公司的领导向他伸出了橄榄枝，邀请他过来负责整个研发部门。

回顾一下这位领导的职业经历，可以得到一个公式：

**研发负责人职位＝博士学历＋成功项目＋行业人脉**

你会发现，这位科研人员的学历不再是问题，成功项目是他在未来一两年内通过努力可以达成的目标，现在最缺的是行业人脉。

那么为了达成研发部门负责人这一职业目标，下一步最重要的事情就是参加行业会议、撰写学术论文，借此建立自己的行业人脉和影响力。

我们前面用到的方法其实就是以终为始，像高手一样拆解问题：

· 以终为始，首先澄清你要达到的目标。

· 请教专家，分解下一级子目标，寻找可行的路径，并且梳理现有的资源。

· 补齐资源，根据用户的反馈，调整当前的行动。

· 盘点收获。

# 小 结

# 像高手一样拆解问题

很多时候，你之所以会把事情搞得一团糟，多半是因为你还没有理解清楚问题的范围、结构和问题背后的原因，就着急开始解决问题。

你的方法不得要领，结果自然也就好不到哪里去。所以，如果你希望像高手一样思考，你首先需要学会的是怎样有条不紊地拆解问题。

**当你合理地拆解了一个问题，这件事就已经解决了一半。**

对于大多数人而言，在拆解过程中容易在第一步和第二步出问题。

第一步的问题在于，很多人容易错把过程当作目标，以日常工作为例，大多数老板并不是想要你加班，他真正想要的是你能够帮他多赚钱。**所以，在拆解第一步的过程中，我们要多问问自己："这个到底是过程还是结果？"**

第二步的问题在于，很多人没有分解目标的经验，结果制定的都是半年以上的中期目标。

**这里和你分享一个心理学上的"20英里法则"**，它讲的是从美国西海岸圣地亚哥到某个地方有3000英里的路程，这段路程地貌十分复杂，而且经常会遭遇天气变化。每天该走多少英里才是一个合适的速度呢？

答案是每天走20英里，走完全程大概要用5个月。

有些人等到天气晴好的时候才走，这种人可能要8—10个月才能走完；

有些人刚开始心情很好，体力、精力旺盛，旅程开始的一段时间每天可以走40英里，之后心情状态逐渐低落，失去了最初的热情和兴趣，结果越走越慢，可能要1年。

　　只有一种人无论天气如何每天都走20英里，最终在5个月后到达——高度的自律才能保持良好的状态。

　　我们在第二步设定的子目标应该是在1周左右可以取得阶段性进展的，如果时间太长我们就容易丧失耐心，如果时间太短取得的成果就过于微小，无法激励自己。

## 案例1：求职这件事

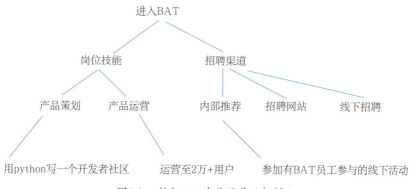

图3-2　成为BAT产品运营目标拆分

　　假设你的职业目标是进入百度、阿里巴巴、腾讯这三大公司，即我们通常简称的BAT，当一个产品运营。跟很多人交流之后，你发现如果要进入大型的互联网公司，一方面，你需要达到职位的需求，另一方面，你要有渠道去了解和应聘相应的职位。这样，你可以把上面的途径总结成一个公式：

BAT职位 = 岗位技能+招聘渠道

你还可以继续把这一子目标向下分解。

岗位技能可以拆解为要有独立的项目策划经验和一定的运营能力；招聘渠道，就可以拆分为内部推荐、招聘网站、线下招聘三种形式。

接下来，你为了让自己能够达到BAT这些大公司的招聘能力要求，你会用python去写一个开发者社区，大概用半年的时间把它运营到有一两万的关注者。

在招聘渠道方面，你可以参加一些招聘会或浏览招聘网站，这些都属于拒绝率比较高的途径。

然后，花时间去参加一些有腾讯、阿里巴巴的员工参与的线下沙龙，和主讲嘉宾加个微信，建立起一些联系。

当你的开发者社区项目已经运营得有声有色，而且也能够证明你的策划能力和运营能力的时候，你再去找到之前认识的阿里巴巴或者是腾讯员工去给你做内部推荐，这个时候你获得这个职位的机会就比90%的人要高。

不要问我怎么知道的，因为之前我在腾讯的时候招的一个产品运营，他就是这么做准备的。他花了半年时间准备，从传统媒体成功转型进入互联网。

**案例2：假设你想跑全程马拉松**

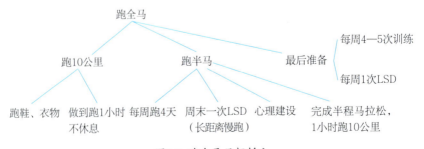

图3-3 跑全马目标拆分

假设你设定的目标是去跑全程马拉松，约42公里，那么，你就可以把它拆分成三个子目标：

**全程马拉松 = 跑10公里+跑半马+最后准备**

为了先达到跑10公里的目标，你需要买一些专业的跑鞋和衣服，这些衣服的布料最好是透汗、防磨的。而且你初步跑10公里的训练可能是通过在操场上跑400米1圈的跑道来完成的，当你能够做到跑一小时都不休息的时候，你就可以挑战下一个阶段的目标，跑半程马拉松。

当你开始准备跑半马的时候，你需要再去买一些更专业的装备，比如运动手表，而且选择一条不错的跑步路线。每周至少要跑四天，周末还要做一次长途的慢跑训练。

同时在日常的练习中，你还需要增强心理建设，提升自己的耐力和韧性。因为跑半马的时候，最后两公里你可能会遭遇"撞墙"，或者叫体能的极限。

只有当你的心理建设和日常的跑步练习达到一定程度的时候，你才能完成半程马拉松，做到1小时跑完10公里。这也意味着你可以进入跑全马的最后准备阶段。

拆解问题的方法，不仅可以用在生活中，也可以用在工作中。

比如，运营工作上的问题也可以拿来拆解。假设你在一家文化公司负责新媒体运营，你的公司主要是做出版和影视方面业务，签约了一批一线的知名作家，现在你接到的任务是要通过运营的方式，在半年的时间里让公司的公众号粉丝量达到10万+。

**第一，目标是在半年里让公众号达到10万的粉丝量。**

10万粉丝分摊到半年时间里，意味着每个月要增加大概1.7万的粉丝，如果以每月办两次微信群分享这类运营活动计算，你需要至少每次吸引3万人参与。同时，其中至少要有一半的用户关注你的公众号。

**第二，请教专家，分解目标，列出现有的资源。**

通过付费请教一些行业里的运营专家，你知道这个目标可以完成的概率是80%。

你手头所具有的资源：知名作家，以及他们签名版的书。

**第三，根据反馈，调整行动。**

运用一些自动建群工具，同时邀请这些知名的作家在微信群里分享。对于听课的人，送出一部分签名版书籍。很快，你就会实现每个月运营两次活动，增加2万粉丝的目标。

**第四，复盘整个过程。**

不可避免的问题是，当粉丝量增长得很快时，会随之出现大量的取消关注。这时你就要成立专门的内容运营团队，推送作家的文章。在你采取了新的行动之后，每天公众号取消关注的用户数量只有之前的1/3。

通过逆向思考，你只花了4个月的时间就完成了10万粉丝的积累，单个用户的获取成本也只有大概一毛钱，是行业平均成本的1/10。

# 5个表达目标的错误经验，每个至少值1万块

**表达就像是射箭，目标就是箭靶。如果你没有目标，就相当于无的放矢。**

这也就意味着，你的表达一定是失败的。

一般来说，表达的目标包括以下几种：

**信任：**通过沟通，让对方至少愿意听你说下去，建立基本的信任。

**说服：**在信任的基础之上，把你的想法装到别人脑子里。

**销售：**把别人口袋里的钱放到你的口袋里。

**共鸣：**即传播——引发听众的情绪反应，让他觉得你懂他。

在继续看下面的内容之前，你可以问问自己：以前的每一次表达，有没有设定目标？最后有没有达到自己的既定目标？

关于表达的目标，我曾犯过以下5个错误。每个错误都给我造成了时间和金钱上的损失，每个的价值至少在1万块钱。我之所以拿来分享，是希望大家的表达之路能够走得比我顺畅一些。

## 错把过程当目标，被自己的"勤奋"所感动

2012年初，我开始运营自己的自媒体，跨界创新的时候，犯了第一个

错误：错把过程当目标。

我只是一直坚持写文章，有一段时间还做到了每日更新。身边的朋友也很不理解我，质问我：你没有收入，更没有名气，每天这么辛苦是为了什么？

当时，我被自己所谓的坚持感动了。现在看来，真的是错过了微信公众号最好的3年时间。

相反，如果我一开始不是把坚持新媒体写作当作目标，而是把影响更多的用户，用新媒体带来收入当作目标，也许我的思路就会完全不同。我可以投资一些钱向前辈请教，除了坚持写作，也可以多花一点时间学习新媒体运营。

### 表达缺少细节，无法说服对方

真正能够说服人的故事要有细节，而不是光讲道理。

就像有位朋友说的："你这么爱讲道理，情商得多低？"很多时候，为什么光讲大道理无法说服别人呢？

因为"道理大家都懂"，你要有具体的故事才能让人觉得这件事是真的。

### 没有建立信任，就想销售？

我接触过不少销售，我也多次成功地销售过自己，所以我发现，销售这件事其实并不难，难的是建立和用户之间的信任。

很多时候，我的客户是看了我的公众号或者知乎上的某篇演讲干货关注。在这种情况下，我们的沟通会特别容易，因为他先认可了我的内容。

先认可了我的内容和我这个人，再达成项目合作就容易很多。

而很多失败的电话销售，一上来就说自己的产品多好多好，基本上都是以被挂电话收尾。真正懂得如何销售的人会说出你的需求或者是询问你的需求——他们就会有更多的成交机会。

### 缺少情绪或滥用情绪，无法引起共鸣

有少数人在学校和社会上接触过成功学的演讲方式，他们相信的是"想成功先发疯，不顾一切往前冲"。在我看来这就属于典型的情绪滥用了。当然，情绪泛滥的反面就是在演讲过程中缺少情绪起伏，整体节奏就像一条直线一样。

这样的演讲也是缺少感染力的，一般我会建议演讲者回顾下自己人生的巅峰时刻，或者是试着和朋友谈论一下感兴趣的话题，找一下情绪起伏、抑扬顿挫的状态。

### 缺少反馈，无法建立复利效应

表达这项技能的培养，不是一天两天就能够完成的。

我的私教学员会跟我学习至少半年的时间，同时锻炼自身的演讲能力。

我了解到印度有不少IT行业的高管，大概是从初中开始，就会请专门的演讲教练来帮助他们提升表达能力，最终把他们培养成合格的领导者。

如果你一直都是一个人闷头练习，那么，你想提升表达能力是比较困难的。因为提升一个人的表达能力，最重要的就是提供大量、高质量的反馈。你要意识到自己的差距，和接下来可以提升的空间在什么地方。

### 提升表达能力，从有的放矢开始

适当地自我袒露，来建立信任。

就建立信任而言，你除了说自己有多么厉害、多么好以外，有的时候还

要实事求是地介绍自己，甚至自曝其短也是一种建立信任的好方法。对方会认为，你连缺点都敢如实告知，说明你是一个很坦诚的人。

尝试说服，从提问开始。

在我看来，有时我们很难说服对方是因为被人说服会有一种"你很厉害，我很受挫"的失落感。

真正擅长说服的人，不过是提供了一些背景资料，再通过提出合适的问题，让对方得出自己想要的结论。这才能令对方更容易接受他思考出来的结果。

也许销售很难，更有意思的是吸引对方来找你。

我个人很喜欢这种销售方式，通过面向大众和特定行业提供有价值的内容，让有需求的用户找到我。在这种情况下，因为我们有着信任关系，谈合同会顺利很多。

引发用户共鸣，从理解用户的情绪开始。

坦白地说，我专门阅读过《乌合之众》，里面有不少对于大众心理学的阐述。网上有许多传播度广的文章，都是运用了这些原理触发用户的情绪。

引发用户的共鸣，需要理解用户的情绪。在此基础上，还应当提出有用的方法论。这是我个人的表达价值观。

没有目标的表达就像是无的放矢，看起来挺唬人的，但是没什么用。

我们更希望你能够有的放矢：**能用一句话搞定的事，绝对不说第二句。**

小 结

第四章

输入

## 一开口就被老板骂，因为你没问对问题

你有没有想过，很多时候为什么下属一开口，就会被老板骂？

那是因为他们还没有用自己的大脑好好思考问题的根源是什么，就想要偷懒，从老板那边找到答案。

举个例子，在职场中，有一种特别普遍的现象：

新成立的项目组中，组员都是来自不同的部门。虽然有临时的项目经理，但这些成员仍是由原部门的负责人来考核KPI。

对于这个临时的项目经理来说，最难做到的就是，如何提升这个项目组组员之间的配合度。

关于配合度的问题，我认识的一个腾讯的VP有着自己的独特见解。

如果一个下属找他汇报工作，告诉他同事不配合，是会被淘汰的。

他一般会问下属一个问题："别人不配合你，是能力问题还是态度问题？"

**要知道，一个好的问题，本身就蕴藏着答案。**

如果是态度问题，你可以通过建立愿景或是统一目标来解决；如果是能力问题，那就只能找老板换人了。

在统一大家愿景的过程中，你要搞清楚每个人最关心的是什么，然后通过沟通，把他们关心的事情和你关心的项目目标有机地结合在一起。

## 解决问题，从问对问题开始

再如，你作为一个基层管理者，发现自己很难找到老板去汇报一些重要的决策，最后影响到了项目的进度，**这时，你应该问自己一些问题。**

①其他人也找不到老板吗？

如果其他的主管可以找到老板，但是你找不到，就说明你和他的沟通出了一些问题。接下来，你就要分析你和他的沟通问题到底出在哪儿。

②找不到老板汇报，是不是因为自己没有和他建立起信任？

如果你和老板没有建立起信任，你就要想想老板最近关心的事情有哪些，有没有一些事情是你能够为之做贡献的——建立信任的最好方式就是交付成果。

③老板对于汇报方式有没有一些偏好？

他更喜欢写邮件的方式，还是更希望你当面汇报？

如果他更喜欢你当面汇报，你就要重点突出问题，只讲他关注的和需要做决策的事情。

④老板对于汇报的时机，有没有一些偏好？

有些老板喜欢随时汇报，只要这件事足够重要，他巴不得你马上去找到他；而有些老板习惯把自己的时间分成几个不同的功能模块，他更希望你在固定的时间，比如每天早上九十点钟，或者是每天下午四五点钟，用会议的形式去跟他沟通需要他做决策的内容。

## 如何学会提问

关于一个既定的工作目标，如何通过提问去明确这个问题当前的挑战，以及下一步的行动计划，这里我要教大家一个很实用的方法：4F提问法。

### 4F 提问法

**F1事实类提问**

关于这个项目，我们已经做了什么准备性的前期工作？

之前有谁做成过这件事情？

我们现在有哪些资源可以运用？

**F2感受类提问**

你会为什么感到高兴，为什么感到沮丧？

在这件事里，哪些因素是让你感到高兴或者沮丧的？

**F3想象类提问**

你觉得这件事情可能最困难的地方是什么？

做成这件事最关键的因素有哪几个？

事后如果再做一遍，你会采取哪些不同的行动？

**F4行动类提问**

你觉得达到了什么样的目标这件事就算是做好了？

关于这件事你下一步的行动计划是什么？

我们可以通过F1事实类的提问，了解到这个问题的现状、所拥有的资源等情况。

我们可以通过F2感受类的提问，了解这件事情的参与各方，对于这件事情的态度，以及可能投入资源的程度。

我们可以通过F3想象类的提问，找到影响这件事情的关键性的因素。

我们可以通过F4行动类的提问，明确下一步的行动计划。

举个例子，假设你是一家传统培训行业的线上运营，过去你们从百度获得一个客户的成本可能是200元或者300元，但是现在由于竞争对手越来越多，你们从百度获得一个用户的成本可能已经涨到了2000元。

你现在的问题就是，如何找到新的流量来源把获客成本降低？

来看一下如何运用4F提问法找到答案。

**F1事实类提问**

在你们之前有没有一些培训机构，成功地建立了完整的线上获客体系？

有。比如一些做情感咨询和心理培训的人就以公众号为阵地，建立起上百万粉丝的用户池，然后再用新媒体的内容，把这些用户转化为付费用户。

**F2感受类提问**

你的老板会因为发生什么感到高兴？

你对这件事情最大的担心是什么？

对于老板而言，如果能够用500元或者800元的成本获取上千甚至上万个新用户，他当然会高兴。那么，对于我自己而言，最大的担心就是，没有办法建立起新的流量来源。

**F3想象类提问**

你觉得这件事情最困难的地方可能是什么？

做成这件事最关键的因素有哪几个？

对于一个运营而言，最难的是不知道上哪儿找新的流量来源。

做成这件事，一方面是要找到靠谱的人推荐新的流量来源；另一方面，要有专门的团队去做这种获客成本的优化。

**F4行动类提问**

你觉得达到了什么样的目标这件事就算是做好了？

关于这件事，你下一步的行动计划是什么？

能够通过公众号这种广告投放的方式为公司获得超过1000个新付费用户。

下一步的计划是约一位曾处理这类问题的市场副总裁，请教一下他在自媒体投放方面成功和失败的经验。

大家在通过4F提问法分析一个问题的过程中，一定要记得兼顾这4种类型的提问，不要只问事实类的问题，或者只问感受类的问题。

很多时候，一个问题之所以会变得复杂，是因为跟你反映情况的人可能把事实和感受混在了一起。

缺少F1事实类的提问，你就很难发现事实的真相。

缺少F2感受类的提问，你很难和当事人建立起情感联系，获得解决问题所需要的一手信息。

缺少F3想象类的提问，你就很容易被当下的问题限制住。

缺少F4行动类的提问，你的工作计划就难以落地。

我希望每个人都可以用好4F提问法，让自己问出更有深度的问题，让自己想得更深一点。

问对问题，就找到了这件事情一半的答案。

# 小 结

## 有目的地学习是怎样一种体验

为什么大多数人的学习是无效的，而且不但看不到成果，还进展缓慢？

大学时期我和我的一位室友每天早上6点钟起床，同时开始背GRE的单词。里面有大概两万多个单词，是对于每一个想去美国读研究生的学生而言必备的一些学术词汇。

3个月后，他通过了GRE考试，而我才刚背完A开头的单词。又过了3个月他出国了，而我在AsiaInfo（亚信）实习。

为什么会造成这样的区别？

原因就在于我们两个动机不一样，他的目标更具体、更有挑战性，对他而言价值也更大。

他的目的是要出国读研，而我的目的不过是背一背GRE单词，扩展一下自己的词汇量。正是因为他的目的更明确，对他而言价值更大，所以他能够克服自身的惰性。

他在这件事情上的投入程度可能是我的10倍，所以效果当然不一样。

**学习的过程就像是种树，目的就是那颗种子**。

我身边的很多朋友都有阅读书籍的习惯，包括我自己在上大学之前，也会随机阅读一些书作为消遣，也作为个人能力的一种积累。对于一个成年人的知识结构而言，光靠大学教材上的知识和自己的随机阅读是远远不够的。

**一方面你的阅读需要主题，另一方面你的阅读需要有目的。**

举个例子来说，对一个工作3—5年有机会获得晋升的年轻人而言，如果他想重点提升一下自己人际交往的能力，他大可围绕这个主题阅读一些书籍。

关于人性：巴尔扎克《人间喜剧》

社会心理学：罗纳德·B.阿德勒《沟通的艺术》、罗伯特·B.西奥迪尼《影响力》

政治：李宗吾《厚黑学》

社交网络：林南《社会资本》、费孝通《江村经济》

你可以在这些不同的框架中建立一个多维度的视角，去看待人际关系这件事情。

每一类知识框架都有它的适用范围和它的优劣。我们要通过实践找到它们的适用边界在哪里，以此建立一个完整的知识结构。

**学习是获得期待，而非养成习惯。**

心理学家托尔曼认为，个体的行为由对目标的期待来引导。这一观点在廷克波（Tinklepaugh）1928年所做的"奖励预期实验"中得到了证实。

实验人员在猴子的面前把香蕉用带有盖子的两个容器中的一个盖住，然后用一块木板挡住猴子的视线。过一段时间以后，再要求猴子在两个容器中进行选择。结果发现，猴子具有很好的辨别能力，能够准确地在装有香蕉的容器中取得食物。

然后，实验者在猴子的面前用一个容器把香蕉盖住，之后又在挡板后面将香蕉取出，换为猴子不喜欢吃的莴苣叶子，并要求猴子取食。结果发现，当猴子再次想从原来的容器中取食香蕉而实际发现是莴苣叶子时，它显露出惊讶的表情，似乎有"大吃一惊"的挫折感，它拒食莴苣叶子，并向四周搜索预期中的香蕉。当寻找无果后，猴子感到非常沮丧，对着实验者高声尖叫，大发脾气，并拒绝取食。

因此，廷克波认为动物和人类的行为不是受行为的直接结果支配的，而是受预期行为将会带来什么结果支配的。

**你都不知道要去哪儿，任何努力都是无用功。**

这两天我和一个学法学的高中学霸（高中时期，每次模拟考试他考得都比我好）聊起了他的职业生涯，他从南开大学研究生毕业已经有五年半了。他说现阶段最大的困惑就是年近30岁，在过去最需要积累的四五年里，感觉自己并没有积累到什么东西。

虽然说，他用这几年的业余时间考了各种证书，但是注册会计师资格考了几年都没有最终完成，他也觉得个人水平和收入还是没有革命性的突破，觉得自己有些不务正业、本末倒置。

我告诉他，赚钱这件事情看起来美好，但其实并不适合每一个人。

你在法学领域可以成为律师，成为一个知名的律师后，你所能够实现的收入是数以百万计的。如果你放弃过去几年的积累，重新开始培养一个特长，除非，你的这个特长已经得到了一定的证明，产生1万元以上的收入，比如有企业或者个人花钱请你讲过这方面的课，否则你现在的试错成本会很高。其实，你大可以在法学的某个细分领域，比如非诉讼业务、互联网相关的法律问题，写出几篇有深度的法学论文发表在一些核心期刊上。而不是写个起诉书，律所的合伙人都会觉得你写得太简单、不够细致、业务水平不高。

　　你一直觉得自己忙忙碌碌没停下，也许有的时候你是真的忙，但更多的时候是不是你希望营造出一种自己很忙的假象？

　　**假装给别人看，也给自己看。**
　　举个例子说明我是如何带着目的去学习的：
　　①列出自己的问题。
　　②想一想这个领域最靠谱的信息源在哪儿。
　　③找到最经典的那几个信息源，撰写摘要。
　　④列出自己问题的可能解。
　　⑤逐一尝试可能解，接受反馈。

　　最近我的一个客户希望我去辅导8岁和12岁的两位小朋友。培养青少年的领导力刚好是我2018年重点拓展的领域。
　　知道了这个需求之后，我先在纸上写下了我最可能碰到的一个问题：万一小朋友不想学怎么办？
　　基于过往的知识，我知道这个问题是与学习动机相关的，归为学习心理学领域的范畴。所以，比较靠谱的信息源来自学术论文和一线的中小学教师的实践。于是我就从学术类网站中，找到了4种讲学习动机理论的资料，然后，用了一张思维导图分别做了摘要。记录每个理论要点的同时，还记录它们的限制。
　　接着，我去请教了有丰富的青少年教育经验的中小学教师，他们又跟我补充了三点理论知识和两点实战经验。
　　最后，我列出了我接下来可能采取的策略，下一步就是去实践，并在实践中接收反馈。

我的做法未必100%正确，或者100%完美，但它是经过我的实践，成功的概率比较高的一种有效策略。

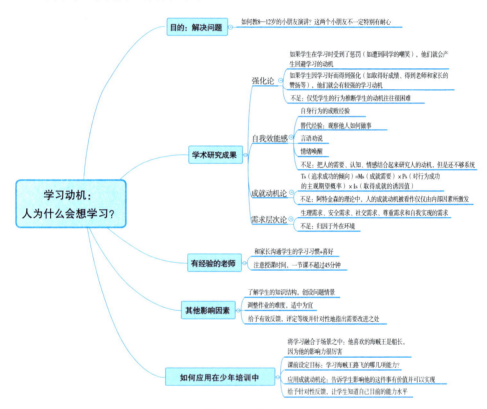

图4-1　学习动机

大多数徒劳无功的学习都是因为没有一个明确的目的，同时摄入信息的效率过于低下。

如果缺少一个有效的概念系统去整合摄入的信息，我们就没有办法用文字和语言的方式输出这些思考，让自己进入不断成长的良性循环也就无从谈起，更不要说把思考的结果变成收入和影响力。

改变的第一步，就是从确定一个目的开始。

# 小　结

# 高质量输入，有什么价值

知乎上有个谈论很火热的话题："为什么有的人年纪轻轻却思想深度远高于常人？"

在讨论这个问题之前，我们先来想一想，到底是什么反映了一个人思想的深度呢？

在我看来，主要包括以下三点：

① 经历丰富带来的分辨能力。

② 别人看到的是现象，他看到的是规律。

③ 放低姿态请教他人带来的全面视角。

我相信一个人思想的深度一定有源头。

关于培养和选拔人才，有句话说得特别好："宰相必起于州部，猛将必发于卒伍。"

讲的是一个高层的官员一定要有基层的实战经历，才能懂得怎么样从宏观层面更好地管理军队和国家。

**人生中经历过的苦难，能够让你明辨是非。**

有个综艺节目叫《极限挑战》，里面有个特别火的台湾艺人叫罗志祥。

其实，他出道后广受年轻人的喜爱，却因为合约问题致使事业瞬间坠入谷底。但是，他做到了克服一切困难，不管别人是否看好他。他再次站在舞台上与他母亲的教育有着莫大的关系。

罗志祥的妈妈8岁时被迫离家，开始她的街头生涯；14岁时加入一个卖药的表演团，在全台湾街头走唱；20岁时嫁给罗爸爸，后来带着当时只有3岁，被称为"天才小鼓手"的罗志祥，全家人开始走遍全省的街头表演生活。

罗妈妈没有受过太多文化课教育，她把在街头的所见听闻、所体会到的人生道理拿来教育罗志祥，告诫他："你如果不想让人看不起，就要让别人知道你吃的是什么米！"

罗志祥在他的书中讲到他多年来选择朋友的条件，就是"不管他有没有钱，只要他是个努力的好家伙"。

罗志祥有一个称呼就是"踩不死的蟑螂"。

因为什么都经历过，才不会那么容易放弃。


**别人看到的是现象，他看到的是规律。**

还有一种思考有深度的年轻人就是，你跟他讲的是一件小事，他马上能够联想到一类现象。这是因为他们更靠近信息的源头，擅长模型化地思考。

他还能找到思维体系里的一个理论来解释这个现象，同时告诉你按照哪个理论去解决这个问题，成功的可能性是最大的。

举个例子来说，可能有些前辈会跟你讲一句俗语："你在中国混得好，要认识一个医生、一个警察和一个打手。"

这其实对应的就是一个社会学中的关键词叫"弱关系"。然后，你可以用"社交网络关系"这个关键词去查找论文，最后找到一篇很经典的论文叫

《弱联系的力量》（*The Strength of Weak Ties*），里面传达的一个概念是"强关系会传递信任，弱关系可以传递信息"，并且里面还有一张代表弱关系的关键模型图。

这样一来，下次再有人和你讨论社交相关的问题，你就可以从理论的源头和他分享你的看法，你的发言自然就比同龄人更有深度。

**越靠近信息源头，越有助于提升思想的层次。**

因为站得高，看得自然就广。

为什么传统单位里已经不再年轻的领导，其秘书会升得比较快？类似的事情在上市公司的董事会里面也是一样，董事长的秘书一般来说，职业生涯发展都不会太差。

基层员工看到的大多是一个项目的当月进度，而高位者看到的是整个公司的三年规划，包括如何通过组织结构的调整、人员的安排来落地这个三年规划。

看得多了，战略思考的能力自然就会强。

站得高了，一个人提出假设和验证假设的能力就会大大增强，目光也会放得更加长远。

**所以，凡事，你要多想想"为什么""怎么办"。**

**放低自己，多做调查研究来完善思维。**

我曾请教过很多很厉害的90后自媒体人，因为他们特别擅长洞察人心，总能写出打动读者的爆款文章。

这项能力是不是特别厉害？

我向一位百万粉丝的自媒体人请教"怎样可以做到洞察人心"，她跟我讲了一个关键点：

你要把自己的姿态放得很低，不要总觉得自己是以老师的身份教别人。记住，你是来聊天的。因为只有这样，你才可以像一个朋友一样，从你的读者当中获得真实的反馈和他们的感受。也只有这样，你对他们的理解才会越来越深。

我们在讨论事情的时候，如果光靠一个人拍板决定，那么结果一定是比较片面的。

·我们至少要征求3个人的意见，才能把事情想得相对全面一些。当然，人数取决于召集人的组织能力。

·比起单纯的询问，多召集几个人围绕一个关键问题进行讨论的方式更好，道理会越辩越明。

·调查的对象应该具有多样性，这样才方便我们做一些统计。

·在数据和技术齐全的情况下，征求意见的人数越多，我们获得的抽样往往越准确。

·调查者要做好记录。因为你所记录的内容往往是关键信息，总结时思路能更清晰、更全面，更能够反映讨论的结果和影响。


**深度思考，真的是做一件事的终点吗？**

对于很容易把事情想明白的人而言，因为他们想得更深，所以他们会看到更多的困难。

如果一个人只是善于思考，却从未在实践中检验过自己的能力，哪怕对于他而言，最大的风险就是轻言放弃。因为看到结局而过早放弃，这是聪明人的恶性循环。

思考其实不是终点，看到还需要做到。

**如何拓展一个人思想的深度？**

首先，主动拥抱新的体验，少说"不行"，多说"我试试"。

分辨能力源于对比，你要多体验才知道什么是好，什么是不好。

就像我一开始觉得10元一斤的茶叶和1000元一斤的都差不多，后来去西湖品尝了当地产区的龙井茶、武夷山母树的红茶之后，我才知道原来茶叶与茶叶之间是有差异的。

其次，靠近思想的源头，少看二手资料。

说句得罪人的话，国内的许多作品都是各种零碎内容的集合，没有什么系统性可言。

如果你想拓展思考的深度，多读经典、多读国外的论文，靠近知识的源头，汲取更原始的内容。

再次，多做总结，提升自己从现象中抽象出模型的能力。

遇到问题时，你可以试着问问自己："这是一个孤立的事件，还是普遍发生的现象？如果是普遍发生的现象，背后的原因是什么？"

比如，我在几次给高管讲课的过程中发现，讲到"如何搞定不同类型的老板"时，掏出手机拍照的人特别多。然后，我结合对部分学员的访谈，发现这个是很多管理者的普遍痛点，而且可以总结出2—3点他们最关心的问题：如何不被老板骂？如何向老板要资源？如何获得升职加薪？

最后，放低姿态，不懂就主动问，甚至进行调查研究。

三人行必有我师。我有一个习惯，就是不管学员是哪个行业的，我都会问问他们的职业发展路径、工作中都有哪些最有挑战的事情或是有趣的事情。

聊得多了，一个人的见识自然就会广一些。

比如你想换行，最好的方式就是找3—4个目标行业的中层，然后向对方请教一下。

其实"提问"这件事也是有套路的：

你可以问行业的发展前景——看未来。

你可以问行业的薪酬水平——代表现在。

你也可以问行业里最有挑战的事情——这代表着目标行业过去的协作方式。

我见过很多有所成就的年轻人，他们一开始想的都不是最深的，却是扛到了最后的人。

其实你思考得越深，才会看到越多的困难。

# 小 结

# 表达力的20个素材来源

在表达的过程中，不论是演讲还是写作，你都会面临两个问题：讲什么观点？用什么素材支撑你的观点？

这20个收集话题和用来支撑话题的素材来源是我经常用的，相信对于丰富你的素材库以及你的表达方式是有帮助的。

## 话题类

### ·微博热搜

虽说微博热搜常年会被一些明星八卦"霸榜"，但是一些突发的热点和社会事件，还是会第一时间出现在热搜榜上，你可以从中寻找话题并关注进展。

### ·微信指数

微信指数是一个小程序，你可以搜到其他人对于某一个话题的看法，甚至你可以通过对比的方式了解相近话题的受关注度。比如，对于"演讲"和"表达"这两个相近的话题，人们在微信里关注程度的变化。

125

#### · 经典小说

说到著名的小说家，就不可避免地要提一下村上春树了。我的建议是，你也可以看得更广泛一些，洞察人性写出《人间喜剧》的巴尔扎克、写侦探小说的爱伦·坡的作品都可以看一看。

#### · 电视剧

几大卫视基本上每个月都会上线3—4部新电视剧，它们会抓住60%以上观众的眼球，所以这也是一个很好的话题来源。

#### · 电影

电影的上映会集中在一些档期，比如元旦、国庆等节日以及寒暑假。国产大片和好莱坞大片里往往都会涉及一些哲学性，或者是讲人性这种终极命题，特别适合我们用来做话题的引子。

#### · 微信公众号的爆款文章

自媒体人本来就对热点话题特别敏感，当然你也可以关注一些你自己比较喜欢的话题，或是看看其他人最近讨论哪些话题。

### 故事类

#### · 你的亲身经历

我之前写过一篇文章《离开腾讯一个月，我照样可以赚10万》，这篇文章就是基于我自己的经历写的，全网阅读量达百万次。

基于亲身经历写故事存在一个问题就是，你真正有意思的经历在一两年里可能不会特别多，所以这方面的素材相对有限。

### · 朋友的故事

基于前面个人经历有限的情况，很多时候，你也可以写一些朋友的故事，所以新媒体文有时候被人调侃说，文章的开头都是"我有一个朋友"。

我的建议是如果写朋友的故事，一方面，你要写对他整个人生影响最大的一两件事；另一方面，一定要征求朋友的意见，看是否需要隐去他的公司名，和本人的姓名。

### · 线下社群

比如，读书会，这类社群也会是你的话题来源。

### · 知乎社区

知乎是现在国内最大的舆论场之一，因为任何人都可以在某个问题下面发表个人观点，这就意味着有不同的信息源在里面，所以特别适合用作新闻类话题来源。

### · 二次元社区

二次元社区中会有一些小众化流行的名词出现，比如，把可乐称为"肥宅快乐水"，把比萨称为"肥宅快乐饼"等，这些都可以成为你演讲中有趣的故事来源。

### · TED演讲

TED官网上有超过2000个演讲视频，关于社会、科技、文化各个领域，里面有很多一手的故事和观点。

比如，其中有一个讲草根创新的演讲。讲的是非洲的一个小男孩发明了一套用灯光驱赶狮子的系统，既保护了牛群，又保护了狮子免受枪弹的伤害。这就是一个很好的故事素材。

· 表情包

很多时候，表情包对一些新媒体的作者而言，已经是重要的素材或者是故事来源之一了。

· 视频、短视频

各个视频网站上都有很多不错的短的视频，时长在3—5分钟，有一些是优秀的广告，有一些是演讲的片段，这些都可以用作话题。

## 数据类

· "爬虫"

有个网友叫路人甲，他特别擅长用"爬虫"（python）分析，比如，最受欢迎的20首网易云音乐的歌曲、10个你最应该看的演讲。我自己也用"爬虫"分析过知乎前200个种子用户，然后写了一篇文章。

对于作者而言，使用"爬虫"这种数据分析工具要有一定的技术积累，至少要有编程的基础。

· 科研论文

国内的论文你可以看"中国知网"，国外的论文可以去各个大学的官网检索，里面会有一部分论文可以免费查阅，还有就是去一些专门的科研数据库检索。

### ·国家统计年鉴

在国家统计局的官网上可以看到，或者你可以选择买纸质版年鉴。

### ·交易所发布的上市公司财报

比如从"××公司历年财报"中，你可以看出这家公司的主要商业模式和各个业务的营收情况，以及这家公司到底是靠什么赚钱的。

### ·数据新闻

现在很流行的一种工具叫信息图（infographic），它会把关于某一个主题的很多数据整理成一张长图，里面既有信息又有图表。

### ·麦肯锡、波士顿的行业研究报告

麦肯锡、波士顿这些国际一流的咨询公司，每年都会发布一些行业分析报告来提升它们在买卖双方市场上的影响力，对行业内部有一定的洞察。最典型的代表就是"网络女皇"玛丽·米克尔每年发布的互联网报告。

对于表达这件事情而言，素材是很重要的。"巧妇难为无米之炊"，没有素材，你就没有办法讲出一个好的故事。

但更重要的是你想表达的观点，对于听众要有所启发。你要发自内心地想去帮助和影响你的听众。

# 小 结

## 为什么你买了一堆网课，还是越来越迷茫

早晨，你在地铁上翻了几篇"得到"上的专栏文章。

中午，你买了个便当，一边吃，一边看了几个TED演讲。

晚上8点多下班，你赶紧跟上微信群里"时间训练营"的课程，听着老师的语音，你有点犯困，一不小心睡着了……

这不禁让你想起了你的大学时光。不同的是，大学在课上睡觉浪费的是父母的钱，现在你浪费的是自己的钱。

你也许会因为工作跟不上老板的思路，被老板挤对几句；每个月你看了工资单，总是有种按捺不住的辞职冲动，但想了想"好像跳槽去其他公司，也涨不了多少工资"，所以就忍气吞声地先继续干下去。

你虽然一直在学习，花钱报各种线上或线下课程，但是你的个人能力似乎并没有显著的提升，也没有体现在薪水上。**究竟是什么地方出了问题？**

最近在微信朋友圈里有一篇文章传得很火。大概是说，知识付费只是满足了你的学习焦虑，并没有传递真实的知识。

当然也有不同的声音，认为知识付费的课程降低了人们获取知识的成本，为用户创造了真实的价值。

你也许不禁要问自己："难道是知识没有用吗，还是我学习的方法有

问题？"

其实，买了一堆上不完的网课的，不只是中国人。

根据美国宾夕法尼亚大学2013年的一份报告，他们在Coursera上开设的16门课程，只有4%的学习者最终获得了证书。哈佛大学在edX上的课程也只有6%的完成率。

我的身边其实不乏那种真正高效的学习者，比如各种自媒体大V和企业的中高层管理者，**他们不仅能够有效地学习，同时也能比一般人更快地把学习到的能力变成钱。**

根据我的观察，大多数网课的学习者更像是知识森林里漫无目的的游客，而这些高效能人士更像是知识领域的猎手，一发必中。

## "漫无目的的游客"与"知识猎手"

### ·学习碎片化，缺少思维体系的构建

很多时候，高手，也可以说是"知识猎手"，他们阅读一本书很快，因为他们对于某个领域的知识已经有了自己完整的知识体系。他们看一本新的书，只是从中找到一些对自己有启发的内容，同时把它们整合进现有的认知体系中。

当然对于新手而言，也就是"漫无目的的游客"，他们本身没有自己完整的认知体系，阅读速度自然很慢。

同时，我们也会发现，没有完整的认知体系的人更容易被误导。

### ·错把过程当结果，没有量化的目标

我接触过很多学习者，他们只是定了一个很模糊的目标。举个例子来说，你开了一个公众号，只把"我要当大V"当作自己的目标，从来没有考虑把"1000关注""5000关注"这样的成果作为目标，或者是把更高阶的自媒体运营目标"实现月入5000元""月入10000元"等设为目标。

目标是有层次的：定期更新—粉丝数量—收入。

你看起来好像很努力在做一件事，可是连目标方向都没有设定好。

### ·停留在学习阶段，没有进入行动阶段

还有用户问我："老师，你的演讲方法看起来很不错，但是为什么我在演讲前还是会紧张呢？"

我就反问他："你有没有去实际地演讲过呢？"

"没有。"

我就告诉他："演讲的紧张感是不可能靠想象消除的。**你需要的是练习，而非不断的想象**，就像没有人能在陆地上学会游泳一样。"

### ·缺少高质量的反馈，一条路走到黑

在任何一个知识领域，一个人提升能力的过程都不可能是一帆风顺的，一定会碰到一些问题。这些问题有可能来自你的自身条件，或者是来自环境。

所以，我们需要根据外界的反馈，不断地调整行动策略。就拿"管理"这件事来说，假设你是一位新晋升的管理者，你需要对不同的员工采取不同的沟通策略。对于思考型的员工，你要给他数据，告诉他这样做决策的原因；对于那些行动型的人，你只需要给出一个明确的指令，他

们就能自动完成。

基于学习科学的研究，一般人在"知道"和"做到"之间存在几种差距。

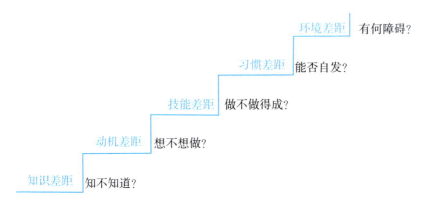

图4-2　为什么你学不会？

知识差距：是否具备相关知识。

动机差距：有没有动力去做这件事。

技能差距：能不能做好这件事。

习惯差距：能否自动、自发去做。

环境差距：环境是否支持你去做这件事，有哪些障碍。

如果你要完成从"知道"到"做到"的转变，首先，你需要具备相应的知识；其次，你要有足够的动机去采取行动；最后，当你把行动和知识结合成技能，养成一种内化的习惯后，再根据环境的反馈，不断地调整你的策略，才能得到不错的结果。

这样，你才算是真正地做到所谓的"知行合一"。

举个新晋升管理者的例子，这是一个真实的故事。这位新晋升的管理者可能知道一个管理者要为团队绩效负责，但是总是不能够主动地向团队施加影响。

这位管理者最近刚参加了领导力培训，但是她有点不太好意思运用自身管理者的职位和同事们沟通工作任务，因为她没有办法按照领导的指示去实践，所以有些不确定这些方法是否有效。

她的领导也注意到了这一点，准备给她安排更多的管理培训，包括对她一对一的辅导。

她所面临的差距有：动机差距，她不知道是否应该主动地予以管理；环境差距，她需要更多上级领导的支持与辅导。弥补这些差距后，她就能够成长为一名合格的管理者。

## 如何把知识变成技能

### ·制定量化目标

比如，你设定了"策划一次全网曝光100万次"这种足够明确的目标，剩下的就是分解工作、落实资源、控制时间投入等。

可以说，制定一个靠谱的目标，这件事就算是完成一半了。在实施这个目标的过程中遇到的各类问题，你只要做到兵来将挡，水来土掩就好。

### ·找到2—3位导师

目的在于一方面接收高质量的反馈，另一方面学习他们的商业模式，以此来提升个人的成长速度。

在学习阶段和行动阶段之后，其实是知识的变现阶段——

**知识—技能—生产资料（流量、品牌）**

你知道写出好标题的10种套路的时候，你拥有的是关于写作的知识，除了炫耀似乎用处不大。

你能够写出爆款文章，你拥有的是技能，可以帮你找到一份月薪过万的工作。

当你能够用写作能力，打造一个像"L先生说"这样有着很强品牌调性、单篇阅读量为3万—4万次的公众号的时候，你就可以成为生产资料的拥有者，参与分蛋糕。

当你通过知识的学习和应用，可以产生内容、收获流量、建立品牌的时候，迷茫将离你越来越远，钱会离你越来越近……

第五章

如何构建自己的
**思维体系**

# 你和表达高手就差了这关键一点

## 你和表达高手的差距

很多学员跟我反映，他们准备演讲的时候，完全不知道从哪儿下手。

此外，我身边有些刚开始尝试做自媒体的新人，也说不知道那些自媒体大V怎么会有这么多话题可以写。他们总是感觉自己一个话题写个两三百字就到头儿了，不知道为什么别人能够写出两三千字甚至两三万字的长文，关键是这些长文的阅读量还很高。

难道表达这件事，对于高手而言会更容易吗？

我访谈过很多擅长演讲或写作的朋友，我自己也完整地经历过从新手到成为一个高手的整个过程。的确，高手可以比普通人更快地写出一篇文章，往往阅读量也不低。**造成这种差异的重要原因正是，高手有套路，而你没有。**

在新手的大脑中，每个概念是独立的，互相不关联。但是在高手的大脑中，每个概念都是有联系的。

举个例子，对于"过年"这个词，新手想到的可能只是"吃"，但是在一个善于写作的自媒体大V的脑海中，"过年"至少与10件事情有关联。

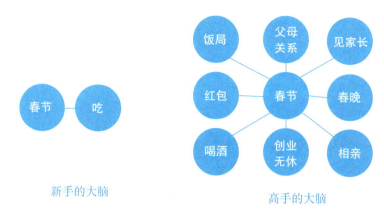

新手的大脑　　　　　　　　　　　　高手的大脑

图5-1　新手vs高手

高手能由"过年"一个词，想到饭局、喝酒、红包、父母关系、相亲、男女朋友见家长、创业无休、春晚等。

这正是新手总是说好像没有东西可写，但是别人写"过年"能写出好几篇爆款文章的原因。

**生活中并不是没有素材，而是你没有试着把它们联系起来。**

高手更善于发现各个概念之间的联系，所以他们能写出更多爆款文章。

## 从新手到专家的德雷福斯模型

德雷福斯模型是由德雷福斯兄弟在20世纪70年代研究提出，他们考察了行业技术能手，包括商用客机飞行员和世界著名国际象棋大师。[1]研究表明，从新手到大师要经历能力、态度、视角几个方面的巨大变化。

对于新手而言，他们基本上什么都不知道，最希望得到的是一个行动的指南。简单来说，就是告诉他们怎样一步一步地操作，最好手把手地教。

---

[1] Andy Hunt. 程序员的思维修炼：开发认知潜能的九堂课［M］. 崔康，译. 北京：人民邮电出版社，2011.

图5-2　德雷福斯模型

对于高级新手而言，他们已经意识到了不同的场景，可能需要不同的知识。他们的大脑中完全没有关于某一个领域的体系化的概念，所以他们可以去尝试，但未必能解决问题。

胜任者是已经在大脑中建立了概念系统的人，同时他们能够运用这些概念解决问题。但是他们没有意识到，这些概念系统可以在不同的领域之间迁移。

对于精通者而言，他们不仅能用现有的概念系统解决当下的问题，而且可以从他人的行为模式中学习。他们想找到自己的概念系统在更大的一个概念系统中的位置，通俗地说，就是理解做某件事情的意义和价值。

**大师是规则的制定者和模式的发明人，他们有一套概念系统可以解决不同领域的问题**。同时，他们能够把自己解决某一个领域的方法论有效地总结出来，指导从新手到精通者的各个阶段的人去更有效地解决问题。

对概念系统的掌握程度越高，一个人能够解决复杂问题的能力就越强。

**"高手的套路"本质上就是一套概念系统。**

1988年，意大利神经科学家贾科莫·里佐拉蒂在大脑前额叶发现了一组镜像神经元。[2]

---

[2] Rizzolatti G, Sinigaglia C. Mirrors in the Brain: How Our Minds Share Actions and Emotions[M]. Anderson. F, Trans. New York: Oxford University Press, 2006.

当我们观看他人做某个抓握动作的时候，镜像神经元会发出与我们自己去做这个运动时一样的信息。

我们做一件事情的方式也就是"经验"，包括我们学习其他人做这件事的经验会促使神经突触的形态和功能发生较为持久的改变。[3]这就是我们大脑的可塑性，也正是我们应对外界变化的重要方式。

关于镜像神经元的研究最重要的意义在于，我们可以通过模仿别人做一件事情的方式学会做一件事情。同时，我们可以通过模仿别人的概念系统，快速建立与完善自己的概念系统。

在原始社会当中对于火的使用，就是通过类似的模仿方式传递的。

举一个例子，我们也可以围绕《认知神经科学》书中提到的"概念系统"这个词建立一套体系。

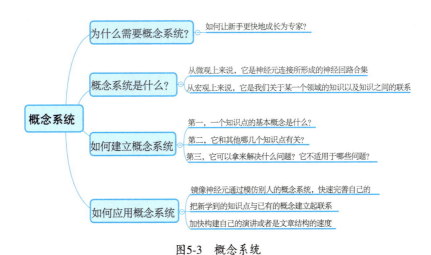

图5-3 概念系统

①为什么需要概念系统？

为了让新手更快成长为高手，甚至是专家。

---

[3] Insel T.R. Rethinking Schizophrenia[J]. Nature, 2010, 468(7321):187-193.

②概念系统是什么?

从微观上来说,概念系统是我们的神经元连接所形成的神经回路的合集;从宏观上来说,概念系统是我们关于某一个领域的知识以及知识之间的联系。

③如何建立概念系统?

在学习的过程中,你可以把新学到的知识点和已有的概念建立起联系。通过模仿别人的概念系统,快速完善自己的概念系统。当我们在大脑中建立了某一个领域的概念系统之后,就可以用来构建演讲或者是文章的结构,速度会大大加快。

就像出租车司机对地理空间的记忆能力可由后天强化一样,概念系统是可以后天构建的。

伦敦大学学院的神经系统学家埃莉诺·马圭尔曾对伦敦的出租车司机进行了深度研究,揭示了后天训练如何影响大脑中神经回路的形成。[4]

伦敦有着世界上最复杂的地图,主干道则呈曲线状弯曲着。城市中到处都是单行道,环形交叉路和"断头路"也随处可见,而且,泰晤士河在城市中央穿过。

埃莉诺·马圭尔发现,在出租车司机的大脑中,海马体的一个特定部位比其他实验对象更大,位于海马体的后部。此外,当出租车司机的时间越长,海马体的后部也就越大。也就是说,出租车司机这个职业对于空间能力的要求,强化了这些司机大脑的行为模式。实验表明,伦敦的出租车司机对于空间的记忆,是通过后天的强化所形成的。

---

[4] Maguire E A, Frackowiak R S J, Frith C D. Recalling Routes around London: Activation of the Right Hippocampus in Taxi Drivers[J]. Journal of Neuroscience, 1997, 17(18):7103-7110.

　　同理，我们每个人的概念系统（也就是神经的连接方式）也可以通过后天的练习加以强化。

　　当你看到一个知识点的时候，你可以多问自己以下几个问题，来构建自己的概念系统：

　　第一，它的基本概念是什么？

　　第二，它和其他哪几个知识点有关？

　　第三，它可以拿来解决什么问题？有什么问题是不适用的？

　　此外，我们还可以用概念图视觉化和提出新概念两种方式，不断进化自己的概念系统。

### ·用概念图视觉化

　　用视觉化的方式，把你对于某一件事情的理解和知识点之间的关系画出来，前面我们已经用到了很多这样的技巧。

### ·尝试提出新概念，并且把概念推销给其他人

　　美国一些畅销书作家特别擅长通过大量的研究推出一个新概念，然后再告诉人们这个概念怎么应用，如何解决问题，这样的套路屡试不爽。

　　《情商》这本书里就讲到在现有的智商体系以外，还有一个情商的概念也很重要，它可以用来解释大多数的成功者的行为。

　　《引爆点》这本书的主要内容，其实可以用一句话概括："在社交传播当中，我们可以通过寻找关键人物、提升信息的黏性、构建一种能够激发从众心理的社群氛围，来引爆一次社交传播。"

在德雷福斯模型的5个阶段中，从胜任者开始到大师的过程中，个人对于概念系统的掌握程度越高，解决复杂问题的能力就越强。

概念系统是我们的神经元连接所形成的神经回路的合集。

镜像神经元的研究说明，我们可以通过模仿别人的概念系统，快速建立和完善自己的概念系统。

# 小 结

# 如何快速搭建思维体系

你写一篇文章要花多长时间，1天？2天？还是3天或者更久？

对于不少从来没有正经写过文章的人而言，一个礼拜也写不出来一篇。

但是，对于经常写作的人而言，只要他想好了写些什么，从常见的写作结构里挑一种，再组合一些日常的故事、素材和金句，可能只要1小时就能完成初稿，再花上1个多小时的时间修改一下，一篇文章就出来了。

你能不能快速地写出一篇文章或者是演讲稿，跟你有没有一套完整的思维体系，有着莫大的关系。

能够快速学习全新领域知识的人，一般有两项能力很强：

第一项是建立知识框架的能力；

第二项是总结方法论的能力。

**当你想跨界进入一个全新领域的时候，你的时间往往非常有限。**快速学习一个领域的知识，没有比一边总结一边实践更好的方法了。高手的套路，也是他们"总结+实践验证"后的方法论。

## 建立一个全新领域的知识框架需要掌握这4步

在这里给大家提供一个任何领域都适用的知识框架"3W1H"，这是知名的知识管理专家萧秋水老师教我的。这套方法论在我快速进入自媒体行业，以及后来成为一名投资人的过程中都亲身验证过，特别好用。你可以用它快速地建立新兴领域里的知识结构。

**为什么（Why）**：为什么这个领域是有价值的？

**是什么（What）**：这个领域最重要的概念是什么？

**如何做（How）**：这个概念如何落地，如何影响我们的生活？

**谁（Who）**：在这个领域中谁做得比较好？我们可以跟他学习什么？

如果你要写一篇关于有趣的文章，就可以用这个知识管理的框架，快速地梳理出一个思路。

**为什么**：为什么我们要写"有趣"这个话题？

因为有趣是很多人想要达到却没有达到的境界，也是很多人感兴趣的热门话题，在知乎上"如何变成有趣的人？"这个话题有8万多人关注，几百万人浏览。

**是什么**：需要对有趣下一个定义。

我对于有趣没有定义，而是给出了自己的理解。

"平庸无趣的人活在单一维度之中，有趣的人心中有着多元维度。"

**如何做**：如何成为一个有趣的人？

我在前文中给出了3条建议：

①你要吃过、玩过，见过不同的风景。

②自我嘲讽让别人拥有优越感，同时实现我们与自我的和解。

③总结一些行业里让人感到冲突和矛盾的地方，把它用一种有趣的方式呈现出来。

**谁**：谁在这个领域做得比较好？

在前文中，我举了几个人的例子并且进行了逐一分析。知道了谁做得比较好，你就可以参考他们的模式，让自己少走弯路。

虽然说，知识和实践之间有一定的差距，但是你和厉害的人学，一定是一条捷径。

### 快速掌握全新知识的要点：总结方法论的能力

在你的演讲或者是文章中，如果能有一些方法论和模型，一方面可以提升对方的收获感，另一方面也可以让对方更好地理解你的观点和想法。

总结方法论的能力，可以从模仿开始：理解经典模型—提出自己的假设—实践检验—完善模型。

一个方法论之所以能够成型，绝对不是拍脑袋能搞定的。在很多经典的管理学著作、心理学著作里，有大量的模型和方法论。这里给大家提供3种常见的方法论模式。

#### 方法论模式1：四分法

四分法特别适合用来处理一些需要差别对待的场景。一般来说找到合适的横轴和纵轴，我们就可以较快地把自己和对手区分开来。

比如下面这个很经典的四象限，是乔布斯用来区分自己和其他智能手机的差异的。

表达的意思是："比iPhone智能的手机，操作便捷性不如我。可操作性比我好的这些传统手机，智能化程度不如我。"

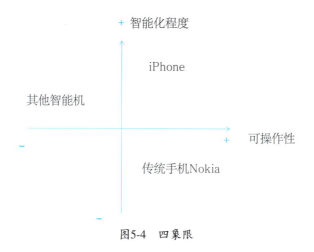

图5-4　四象限

### 方法论模式2：循环轮

循环轮非常适合需要不断迭代的执行过程。它表达的是，在不断的迭代过程中，项目的产出能够不断得到优化。

举例来说，PDCA循环就是将质量管理分为四个阶段，即计划（Plan）、执行（Do）、检查（Check）、处理（Action）。在质量管理活动中，要求把各项工作按照PDCA循环作出计划、计划实施、检查实施效果，然后解决其中存在的问题——完善。

### 方法论模式3：公式

公式比较适合总结一些你相对较为熟悉的领域内的方法论，若对一个全新领域的知识进行总结则容易出现硬套公式、刻舟求剑的问题。

连续创立KDDI通信、京瓷两家上市公司，又把欠债1200亿元（人民币）的日本航空，从死亡边缘拉回来的企业家稻盛和夫对于人才的成长就有自己的总结：

### 人生工作的结果 = 能力 × 热情 × 思维方式

这个公式不是稻盛和夫用来展示自己理论做做样子的，而是在实践中考察提拔干部的真实标准。从这个等式出发，稻盛和夫坚持在公司中不用聪明人，而是用对于事业有热情的人。

总结方法论的意义在于，一方面提高你下次解决类似问题的效率，另一方面方便其他人在碰到类似问题的时候，用你的方法论去解决问题。

　　我们可以通过3W1H这个知识框架快速建立关于新领域知识的全貌，梳理出写一篇文章或者进行一项实验需要的较完备、清晰的思路。

　　高手的套路，就是他们通过亲身实践总结出来的方法论。

# 小　结

# 如何深度思考

为什么很多人去跟老板汇报的时候会被骂？难道是结果不够好吗？

不，是你思考的深度不够。

最近有一个管旅游项目的总监向我咨询。她问我："老板让我去管一个新项目的研发和营销，但是我自己没有研发方面的经验，而且老板对这个新项目的方向也不是特别明确。老师，您有什么建议吗？"

在我看来她的思考深度是不够的，虽然她的老板没有讲具体的方向，但是她有没有跟老板沟通过这个项目的目标呢？究竟哪个目标才是第一位的呢？

**理解了目标，方向自然就出现了。**

随着产业化分工的需要，越来越多的人成了那种执行层面的"螺丝钉"，而能够贯穿整个产业链条交付结果的人越来越少，甚至有很多大公司的中层也只管一个方向的业务。而只懂一个业务模块的中层，很少有机会被提拔成为高层。

在我看来，思考的深度包括三个方面：洞察规律、理解人性、总结方法论。

**洞察底层规律，先不败而后求胜。**

行业里变化的叫趋势，不变的叫规律。

我记得多年以前跟某位知名媒体的创始人交流。他针对媒体的商业模式说了一句一针见血的话："媒体做的是卖流量的生意。"

虽然新媒体在逐渐兴起，但是你会发现媒体和自媒体大部分的商业模式并没有超出这句话。大家都在用优质的内容去获得用户的注意力，再把这种用户的注意力卖给广告商，或者是直接卖自己的实体产品和虚拟的服务（比如知识付费的产品）。

那么，媒体行业在变的是什么呢？

我们的注意力变得越发碎片化，而注意力的碎片化带来了内容表达的碎片化。

社交媒体的心态，从之前的可以写5000字的博客，变成了只能写140字的微博，再到只能录制15秒钟的短视频。

最近有个朋友写了一篇爆款文章，我打开他那篇文章一看，通篇的句子都特别短，基本上没有超过20个字的长句子。并且，每翻一页（屏幕）手机内容，都要给你带来一些情感上的刺激。

当你理解了媒体做的是时间的生意、掌握了生产碎片化内容获取用户注意力的能力之后，你在新媒体时代的收益就不会太差。

**理解人性是为了顺应人性，而不是考验人性。**

设想一下当你没钱、没资源、没背景的时候，有没有人愿意帮你？

基本上可以确定答案——没有。

我有一位朋友，挺让我佩服的一点就是他对于人性的理解。在他经济条件不是特别好的时候，就敢于做到多给别人一点钱，而不是自己多要一点。由于他很努力，而且做人厚道，之后得到了很多人的帮助。现在他的公众号已经成长为一个80万粉丝的大号了，收入不计。

他是这样跟我解释之前的行为逻辑的：

当你没什么钱的时候去跟合作伙伴合作，你想要多拿一点，这是人之常情。但是你要知道，对于合作伙伴来说，他可以合作的对象并不止你一个。

假设你们一起赚10万块钱，你拿了5万，对方就只能赚5万。也许有别人比你咖位更大、更有影响力，同等条件下，这个机会肯定轮不到你。

其他人的资源比你更好，但如果你更舍得让利，10万你只要5000块钱，合作伙伴觉得和你合作能够赚到钱，自然你的机会就比别人多很多。


**总结方法论，你复制人才和结果的能力，决定了你能走多远。**

之前我在上海讲课，听课的学员里面不同行业、不同公司的总监、副总经理、副总裁挺多。

他们给我一个很有意思的反馈，说贺嘉老师你很擅长总结方法论，我们学到的不仅有技巧还有思考的方法论。

我当时心里就想："难道你们这些中高层就不擅长总结了吗？"

和这二三十位中高层学员交流下来才发现，这些人里总结过工作方法论的人不超过五个。

我调查的对象还是职场的中高层，就职场的新人和小白而言，经常总结的人比例更低。

对企业中高层而言，并不是自己越忙越好。

观念大部分人其实都有，但是为什么做不到？

原因在于管理者把很大一部分时间花在了掌握项目的进度和把握项目的方向上。

特别是涉及不同团队的协作和配合的时候，难免有很多意见不一致的地方，甚至说得更直接一点，利益不统一的地方，就需要管理者出面开会协调。

很多时候，是这些管理者本身并没有总结出，自己的价值观和自己的方法论。

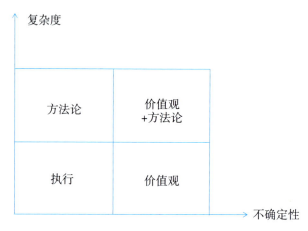

图5-5　价值观与方法论

复杂度低、不确定性低的环境，员工只需要有执行力就可以了。越是复杂性高的环境下，我们越需要方法论的指导；越是不确定性高的环境下，我们越需要价值观的指导。

不论你是不是管理者，我都鼓励你多总结自己的方法论。

因为你对于方法论的总结，就是你个人能力的最好名片。

如何提升自己的深度思考能力？

**首先，对于规律的理解，来自高质量的输入和主动反思。**

我特别喜欢做的一件事情就是跟厉害的朋友聊天，问他们有什么对他们帮助最大、启发最大的事情。

有一位在电视台工作过的朋友，跟我分享了一个很有意思的故事。

现在电视台的分工已经特别细了，很多时候小导演只是在做执行，只有总导演才知道为什么要这么做。

比如，拍一个综艺节目的现场直播的三个镜头，为什么要按特定的位置摆放？

我这个朋友特别好奇，就跑去问总导演，总导演告诉他："因为三个镜头成90度角摆放，这样拍出来的镜头不容易穿帮。也就是说，在某一个镜头里面不会出现其他的镜头。"

朋友跟我分享的是电视台里分工的故事，但我从中看到的却是行业分工对于新入行年轻人的挑战——如果你只知道执行，你就一直是个螺丝钉。

**其次，想要增进对于人性的理解，其实可以多看看经典小说。**

针对提升对于人性的理解这一话题，有一位上市地产公司的副董事长，推荐我去看巴尔扎克《人间喜剧》小说集。里面对于法国大革命时期没落的贵族和新兴的商业市场、阶级之间的利益勾结，描绘得相当细腻。

你会见到为了一份丰厚的嫁妆而勾引商人家小姐的贵族；你也会看到自私自利，自己得不到的，别人也休想得到，从中作梗，拆散爱情的贵族小姐……

虽然环境不同、时代不同，但人性是相通的。

**最后，总结方法论的能力，可以从模仿开始。**

前文已经说过，在很多经典的管理学著作、心理学著作里，都有大量的模型和方法论。

假设你是一位有技术背景的销售。你是不是可以模仿这个四象限，画出自己的竞争优势？

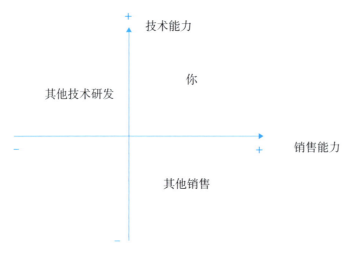

图5-6　技术背景的销售

　　总结方法论，没有你想的那么难。只要你开始总结，就会发现这件事变得越来越容易。

在不断变化、不断有新的挑战的各个行业，"深度思考的能力"变得越发稀缺。

因为担任高管私教，我见过迷茫的博士和不知前路的创业者。迷茫是因为看不到前面的路，更是因为看不到别人看到的风景。对于善于深度思考的人而言，这个世界充满了未被满足的需求。

深度思考能力对于每一个人都很重要。多思考规律，才能预判趋势；多理解人性，才能聚合资源；不断总结方法论，才能实现成果的复制。

希望每一个人都能在自己的思维方式中，再加上一项深度思考能力，逢山开路，遇水搭桥。

让迷茫的人，少一点，再少一点。

# 小　结

## 如何提升你把握细节的能力

这两年，我发现很多厉害的人不仅思考得比一般人要深，他们对于细节的把握能力也要比一般人高。

很多高管并不仅仅是擅长把控公司的战略，他们对于财务上的数字和具体的销售过程也有着大量的实操经验。如果一件事你和他们说一遍你是怎么做的，他们马上就能够判断出你的大致结果会怎样，而且与实际情况的偏差往往很小。

之前有一本畅销书叫《细节决定成败》，讲的是企业的高管如何通过方方面面的细节来把控一家公司的。但很遗憾的是，我发现80%的人其实都不太擅长把握细节。

细节是什么？

**细节，是起关键作用的小事。**

比如，我的一位高管学员，她在招人这件事上比公司其他人的效率要高出1—2倍。别人可能需要2周才能招到1个合适的人才，她一周就可以招到1—2名合适的人才。

我问她："你是怎么做到的？你有啥绝招吗？"

她说：

我会专门分析现有公司的优秀人才有什么特征，在心中画出自己的人才图谱，然后按图索骥，招人的效率自然就高。

比如，我发现华工、华科的程序员的绩效要高于大部分员工，有一定沟通能力的人才绩效也要高于平均水平。那么，下次招聘时，我就会多留意毕业于好学校，而且擅长沟通的技术人才。

正是因为抓住了优秀人才的特征，她才可以批量地招到合适的人才，效率自然高于他人。

能够把握关键性的细节，是一个高管的必备能力。

**把握细节并不意味着你要事必躬亲，而是知道什么是关键点。**

关键点一般有两类：一类是你做得不好会影响进度的控制点；另一类是你做好会给整个项目带来新亮点的加分项。

很多人做事的时候不能保证效果，原因就是考虑得不够细。

我认识一位从事培训行业长达15年之久的资深讲师，他讲课的时间安排是以分钟来计算的。而且每次上课的时候还有助教帮他按秒表，把握时间进度。

此外，每次上课前，尽管他对于课程内容已经相当熟悉，还是会提前1天和助教、对方的HR总监把关键内容过一遍。

哪些环节学员可能感到疑惑，哪些时间点他们可能会困，都要加以考虑并进行设计。

他对细节的把控程度实在是令人佩服，这也是专业人士可以保持高水平、高效率的原因。

正因如此，他每次授课的满意度从没有低于95%。

**把握好了关键细节，才能实现高效率。**

对细节有要求的老板，在工作中既关心结果，也关心过程。

对于专业人士而言，抠细节并不意味着他们心中没有大的战略。因为宏大的蓝图恰恰需要一个个的细节来落地。

关心细节的老板，指出了你工作中的一个问题。如果你只是改正了他指出的问题，他会对你感到失望。因为他希望你能够举一反三，看到更多类似的问题并加以解决。

在安全生产领域，有一个"海因里希法则"，是美国的一位安全工程师在55万起机械事故的调查基础上总结出来的，讲的是每300次看起来无关紧要的隐患，往往对应着29次故障和一次严重的事故。如果日常管理中不重视细节，小的隐患积累得多了，一定会出现大的事故。

你可能会关心，如何提升自己对于细节的把握能力？在我看来，主要有以下三种方式。

### ①用更细的颗粒度来思考和分解问题

"颗粒度"就是你处理事情、安排事情的时间单位。

在和我对接过的多位客户中，有一家上市公司，他们的培训助理让我印象特别深刻。一般小助理都是了解老师的行程、大致的讲课安排，比如上午讲什么，下午讲什么，给个时间表就好了。

| 时间段 | 时间安排 | 课程安排 |
|---|---|---|
| 上午 | 9：00—10：00 | 演讲水平诊断 |
| | 10：00—11：00 | 消除演讲紧张的12种方法 |
| | 11：00—12：00 | 一个好演讲的3个标准 |
| 下午 | 14：00—15：00 | 4种常用的演讲内容结构 |
| | 15：00—16：00 | 这样讲提案，用户愿意掏钱 |
| | 16：10—18：00 | 给4位学员1对1辅导 |
| | 18：10—18：30 | 晚餐 |
| 晚上 | 18：30—21：30 | 6位学员1对1辅导 |
| 每位学员30分钟，共10位学员 | | |
| 如果需要辅导20位学员，则每位15分钟 | | |

表5-1　一天版

| 时间段 | 时间安排 | 课程安排 |
|---|---|---|
| 上午 | 9：00—10：00 | 演讲水平诊断 |
| | 10：00—11：00 | 消除演讲紧张的12种方法 |
| | 11：00—12：00 | 一个好演讲的3个标准 |
| 下午 | 14：00—15：00 | 4种常用的演讲内容结构 |
| | 15：00—16：00 | 这样讲提案，用户愿意掏钱 |
| | 16：10—18：00 | 如何成为演讲高手 |
| | 18：10—18：30 | 晚餐 |
| 晚上 | 18：30—21：30 | 6位学员1对1辅导 |

表5-2　两天版之第一天

| 时间段 | 时间安排 | 课程安排 |
|---|---|---|
| 上午 | 9：00—10：00 | 2位学员辅导 |
| | 10：00—11：00 | 2位学员辅导 |
| | 11：00—12：00 | 2位学员辅导 |
| 下午 | 14：00—15：00 | 2位学员辅导 |
| | 15：00—16：00 | 2位学员辅导 |
| | 16：00—17：00 | 2位学员辅导 |
| | 17：00—18：00 | 2位学员辅导 |

表5-3　两天版之第二天

1. 一天安排10小时的课程，时间很紧；

2. 大家相对比较疲惫，如果需要对20位学员进行辅导，老师很难做到面面俱到；

3. 两天版本的课程安排，每位学员得到30分钟以上的1vs1指导。每天7小时左右，学员状态更好。

4. 如果安排两天版本的课程，那么第一天接受辅导的学员可在第二天进行针对性的练习和调整。

图5-7　优劣对比

但是，这家公司的小助理专门和我通了电话，而且她做了两个方案，一个是1天版本的，另一个是2天版本的，并且列上各自的优劣，才给老板汇报。

更细的颗粒度思考，就是考虑到不同的可能性，并且把它们列出来。

### ②引入量化指标体系

我和一位做自媒体的朋友交流过，他们每月都会用一个指标来衡量公司的发展，那就是单用户月收入，他们现在是0.6元左右，目标是1元。单用户月收入超过1元属于用户价值较高，低于0.4元属于用户价值较低。

**单用户月收入 = 单月总收入/用户总数**

我自己想了想，对于自媒体业务，我好像从来没有进行量化，这种指标体系的方式的确很值得参考。

### ③操作过程清单化

我们都可以想一想，自己的工作有哪些可以清单化的，然后每天早上在这个清单上画钩就好。这样做，一方面可以减少大脑思考的负担，另一方面可以降低出错和遗漏的概率。

下面就是我每日自媒体工作的一个清单。

贺嘉的自媒体工作清单

· 看昨天的文章阅读和转发数据

· 写1条改进建议

· 看朋友圈昨天的刷屏文章

· 看今日的微博热搜、知乎热点事件

· 拆解1个对标的大号

· 构思一篇文章的提纲

· 安排互推工作，并记录数据

《清单革命》一书里讲了一个故事，只是通过增加一张小小的术前清单，就让一家医院原本经常发生的中心静脉置管感染率从11%下降到了0，增加清单15个月后，避免了43起感染和8起死亡事故，为医院节省了200万美元的成本。同时，还让医院员工的工作满意度上升了19%，手术室护士的离职率从23%下降到了7%。

都说细节决定成败，我真的很"害怕"可以搞定细节的人。因为他们说话好听，做事情又靠谱。

在提升自己对于细节的把握能力这件事上，我很喜欢胡适先生的一句话："怕什么真理无穷，进一寸有一寸的欢喜。"

# 在构建思维体系过程中，你犯了哪些错

"没有思维体系，牛津毕业生也可能沦落为印刷工。"

之前看《富兰克林自传》时，里面有一个故事让我印象很深刻。

印刷工富兰克林通过写作，实现了财务自由，每年的收入是大学教授的10倍以上。但是最早有一个跟他一起做印刷学徒的牛津大学的学生，却是因为误信损友，被骗光了钱财，只能把自己"卖"到美洲大陆。

这个从知识精英沦落为蓝领工人的牛津学生，因为缺少自己的一套世界观和方法论，所以别人说什么他就相信什么，不被骗才怪。

如果你不希望你的收入和社会地位，在10年以后比现在还低，我给你一个很重要的建议就是尽快地形成一套自己的思维体系。

你要学会看待你和他人的关系、你和社会的关系、你和这个世界的关系。**只有找准了自己的定位，你的每一个行动才有意义。**

所谓的思维体系，就是你的"三观"。

简单地说，世界观就是你和这个世界的关系，这个视角最宏大，但是对于一个人未来10年发展的影响是最大的。

价值观，指的是在相互矛盾的关系中你到底会选择什么，是稳定还是自由，是用户的利益还是你自己的利益。

平时你可能看不出价值观的重要性，但是在你面临一些艰难的选择的时候，价值观的意义就显得特别重要了。

在以朝鲜王朝时期的富商林尚沃为原型的电视剧《商道》里，这个商人哪怕是被人诬蔑下狱，也没有改变自己坚持经商是为了造福他人的理念。所以，最后他打败了竞争对手成为一代富商。

**人生观，在整个社会分工当中，取决于你的定位和你提供的价值。**

我发现，我这个人最大的价值其实来自比较优势，比我懂新媒体人的可能不如我会演讲，比我会演讲的人不如我懂上市公司高管这个群体。所以我对自己的定位是：高管演讲教练+自媒体人。


过于相信常识，但不少规律是反常识的。

比如，我父母就经常跟我说："你要省钱，你要努力工作赚钱。"

但我发现，有的时候如果你能够用钱买到流量，你就应该把手里的钱全部换成流量。

因为钱不一定会变得越来越有价值，而流量一定会变得越来越贵。

父母一辈告诉我们的一些经验属于社会常识，也就是大多数人都知道的东西，但是，仅仅依靠常识是没有办法致富的，真正赚钱的机会也并不会流传得很广。

举个例子，我之前认识某个自媒体人，他最早在大家都没有认识到公众号的价值的时候，以10万元为单位去砸广告费，培养了一个50多万粉丝的情感类大号，现在他的公众号接一条广告可能就要10万元，他早期的投资全都赚回来了。

我们可能从来没有想过花钱去做成一件事情，因为我们被自己过去的经验限制住了，也被我们父辈的经验限制住了。

他们给我们的观念，未必都是对的。

构建思维体系的时候，没有找到可交流的同伴。

说起来很搞笑，我最早开始为虎嗅网和FT中文网系统性地写关于互联网创新的文章的时候，还在珠海工行工作。

只是为一些原因会出差到美国参加TED大会，我感觉我那个时候写关于互联网创新的内容，就像是一个在岸上看别人怎么游泳的人在尝试教水里的人怎么游泳，真的是一件很尴尬的事情。

那时在珠海还没有太多做自媒体的人，我几乎没有跟别人交流的机会。我做出这个现在看起来特别正确的选择就是，从工行辞职来到了深圳腾讯，我现在的很多见识就来源于在腾讯那几年的工作经验和生活的积累。而且因为现在经常给互联网公司的高管做演讲培训，所以我们有机会跟他们交流行业发展的一些资讯。

我写出来的内容，往往也就更能够赢得互联网行业的这些中高层的共鸣，我的素材就是来源于他们。

**如何在构建思维体系的过程中保持开放？**

我在《当和尚遇到钻石》这本书里面发现了一个钻石公司的高管很有意思的面试方法。他们在面试的时候会特别侧重问一个人在闲暇时间做什么，以此判断这个人有没有独特的创造力来源。

· 一个从来不接触新鲜事物，也不和任何人交流的人，他的创造力一定会枯竭。

· 一天到晚看电视的人，大概很平庸。

· 喜欢大量阅读的人，会有很多新的想法。

·擅长写作的人，会有不错的想象力。

·业余时间用于服务他人的人，比如去医院和养老院做义工，不仅稳定而且富有创造力。

其实这背后的观念是：一个人如果对第二种生活保持热情，那么他就更有可能从一个全新的视角来审视一成不变的日常工作，从而更加富有创造力地完成现有工作。

"控制论之父"维纳讲过："如果我们要保持一个系统的活力，就一定要保证这个系统的开放性。"你要相信，我说的都可能是"错"的。

第六章

语言输出——
演讲

## 演讲，也要走群众路线

**演讲，就是为了影响他人。**

如果说表达是为了更好地呈现自己，那么演讲更侧重于一对多的场合去影响他人，借助于他人来达到你的某个特定目的。沟通更侧重于一对一场合的这种交流，比起演讲更强调影响，我认为沟通里更重要的是信任。

我接触过一些人，他们属于内向型，不愿意和别人交流太多。那么，对于一个不想去影响别人的人而言，想做好演讲是一件难度更大的事情。

演讲本身也是符合表达力模型的，包括目的、输入、思维体系、输出、反馈几个部分。

演讲一般会有一个特定的目的。这个目的可能是向听众普及一种观念，也有可能是希望他们采取某个行动，当然还有一种目的，就是推销自己的产品或者是服务。

一场优秀的演讲，需要有一些针对性的输入。

这个领域之前其他人讲过什么？我的听众是什么样类型的构成？他们对于什么类型的故事和段子比较有同理心？

比如，我要对做广告的同学做一次演讲，那么，首先，我可能会了解到他们对于加班和甲方拖欠款项这些话题深有同感，这些都算是我的针对性的输入。

其次，我思考之后会把这些输入总结成一整套思维体系，用语言的形式输出。

最后，我会根据现场听众的笑声次数以及"低头率"，来判断我这个演讲做得怎么样。

低头率是我发明的一个衡量演讲质量的指标，指的是在演讲当中有多少比例的听众会低头玩手机。如果超过30%的听众在低头玩手机，说明你讲这个话题比较无趣，他们已经听不下去了。这个时候你就要加快节奏讲完这个部分，或者临时加一些现场发挥的有意思的段子，借此重新吸引听众的注意力。

要想搞定听众，先在演讲中找到这三种感觉：

在演讲的开头，我们要跟听众建立信任感。

在演讲的中间，我们要给听众建立画面感。

在演讲的结尾，我们要给听众建立启发感。

在我看来，建立信任感有两种方式：第一种是坦诚。你坦诚地讲自己的经历，或者是自己在这方面的积累。比如，如果你是一个医学生，那么，你给出的一些健康方面的建议，我就会比较认真对待。

第二种方式就是，说中听众内心的想法。那些能够说中听众心中想法的人，自然会让听众对你产生一定的信任。

要想在你的演讲中建立画面感，一方面，你可以用动词把分散的细节串联起来；另一方面，你要有一些细节的描述。

比如，我现在拿起一个长满了毛的猕猴桃，要用锋利的水果刀把它切开，刀切下去的那一瞬间就像切纸一样一下到底，喷出了淡绿色的汁液，尝一尝，是酸涩的味道。

现在，你的嘴巴是不是开始分泌一些唾液了？

**启发感，来自那些你知道但是听众不知道的东西。**

比如，你可能不知道知乎的创始人周源，在建立知乎这样一个线上的内容社区的时候，受到一本城市规划学著作的影响，叫《美国大城市的死与生》，里面讲了三条规则对线上社区是非常适用的。

第一，你要引入足够多元化的居民来提升内容的多样性。

第二，你要确保这个街道足够短，让人和人之间有足够多的交流。

第三，是关于规则的说明，启发感来自你能够把听众熟悉的内容讲出新意，或者是你能够给他全新的内容。

演讲，也要走群众路线。

马丁·路德·金的演讲 *I Have a Dream* 之所以得到了广泛的传播，并不是因为他讲得有多好，而是因为他讲出了那些想打破种族不平等制度的黑人的心声，这些人的二次传播才真正地造就了马丁·路德·金的影响力。

"群众路线"这个词，我把它套用在演讲里面，强调的是我们在演讲的过程中，不仅要关心我们自己想表达什么，还要关心听众期待的是什么，以及他们想解决的问题有哪些。

只有这样，我们的演讲才有可能真正地获得听众的认可和二次传播。

举个例子，我在给我投资的公司做新人培训的时候，我一定会先跟他们讲新媒体这个职业的发展前景在什么地方……最后才会讲到我对于他们的期许，比如，要主动承担一些有挑战性的工作，要保持好奇心去学习新知识。

我把新人关心的职业发展和我希望讲的个人职业素养的培养结合在一起这种演讲方式，95后比较能听得进去。

这就是我自己在演讲里会用到的一个很有意思的小套路：听众想听的+我想说的。

如何走群众路线，做出影响他人的演讲？

其实，在用户当中真正擅长表达自己的人并不多。

很多时候，大家在朋友圈里愿意转发一篇文章或者一个演讲的重要原因，就是"这个人说了我想说的话，但是他说得比我好"。

**想提升演讲的影响力，要从了解听众开始**。怎么做呢？

①看看朋友圈大家都在转发什么。大家都转发的背后，其实反映的是一种群体性的情绪。

比如，有一篇关于《我不是药神》里的演员王传君摆脱了关谷神奇角色影响的主题文章，转发的人很多，其实它里面表达的是人们对有追求的演员的欣赏。

再如，《你的深度思考能力，是如何一步步被毁掉的？》这篇文章也得到了广泛的传播，它反映的其实是每个人都希望自己能够是别人眼中有深度思考能力的人。

②看看知乎这样的线上社区，大家都在讨论些什么。

比如，你看看其中的推荐区，就会发现大家对于社会新闻、明星、职场等话题还是比较关心的。职场话题和我们的收入息息相关，而明星话题和我们的八卦心态相关。

③一对一的访谈，可以收获一手的故事。

我的很多素材就来自一对一的访谈，比如我写了一篇《什么事情是你当了领导才明白的》的文章，里面领导梯队的模型，就是映客HRVP教会我的一个知识点。

现在很多生活类、情感类的公众号会通过问卷的方式收集用户的大量故事，然后通过提炼观点、梳理内在结构，把它写成一篇文章。比如有一篇特别知名的文章是新世相的《第一批90后已经出家了》。

　　如果说演讲是为了影响更多人，那么影响他人的最好的方式就是替他们表达自己。

　　记住"从群众中来，到群众中去"，你可以讲出真正打动人心的故事。

# 小 结

## 好演讲的3个标准

为什么厉害的销售员薪酬一般要比工程师高？

一个工作3年的IT工程师，平均月薪在1万元左右；一个工作3年的优秀销售员，平均月薪在2万—3万元，还不算年底的奖金。是什么导致了这么大的收入差距呢？

原因就在于销售员这个岗位离钱最近，他们通过自己的"演讲"，把公司的产品卖给客户最后变成钱。相当于他们一次性完成了两件最难的事：把想法塞进别人的脑袋，把钱装进自己的口袋。

在传统行业里，很多公司CEO都是销售员出身正是有着类似的原因。

对于那些资深的销售员而言，当你手头有了足够的客户，你就可以自己单干。卖别人的产品或者是建工厂生产客户需要的产品，实现更高的利润。

销售员出身的企业家，大多都是很善于表达自己的人。

对于喜欢攀比的老板，给他们的汇报一定是突出重点。

"最近我们的友商又上了什么新项目，对于我们的业务可能的影响是……我们可以采取的应对措施是……"

在和客户交流的时候，他们能够用话语有效击中对方的内心，达成交易。

其实，哪里有那么多"怀才不遇"，只是老板没有义务来赏识和发掘你的才华。

你不积极主动地去表达，老板哪知道你有什么能力。

## 好演讲的3个标准：愿意听、记得住、能传播

### 演讲开头，愿意听。

**在演讲的开头，我们要用一个好的切入点激发对方的兴趣。**

如果对方不愿意听你讲的东西，他可能会玩手机，或者是上洗手间，这就很尴尬了。

针对不同类型的听众，我们可以用不同的内容激发对方继续往下听的兴趣。

《鬼谷子》第九："与智者言，依于博；……与贵者言，依于势；与富者言，依于高。"

讲的是，你的听众是一群聪明人时，你就要用见识的广博来打动他们；你的听众是一群社会地位比较高的人时，你就要和他们讲趋势；你的听众是一群有一定财富的人时，你就可以用高雅的、清高的品格等打动他们。

好的演讲开头可以用一个故事，或者是一个问题带入。

故事可以激发听众的好奇心，问题可以引发听众的思考，都是不错的开场方式。

比如，我们可以讲一个1993年晋升为上市公司总监的妹子的故事，来说明表达的重要性。

我们可以借"传统的零售怎么了？"的问题，引出新零售的演讲内容。

演讲的主体，记得住。

基于艾宾浩斯的记忆遗忘曲线，我们在一天之后会忘掉今天对方演讲内容的70%左右。

也正因如此，我们更是要主动为自己的演讲设计对方能够记住的点。

一个好演讲，要能够让对方印象深刻，最好能够增加一些故事+金句。

金句就是经过你的总结，比较简洁而且朗朗上口容易记忆的句子。比如，在这篇文章里，我希望你记住的只有一句话，这就是我设计的金句："好演讲的3个标准：愿意听、记得住、能传播。"

就像罗振宇的3个多小时的跨年演讲里，为什么有100多句金句？

本质上这些金句就是演讲者总结出来，希望听众可以记住甚至二次传播的内容。

另一种被验证过容易被大脑记住的元素就是故事。

**一个能够让人印象深刻的故事，一般包含6个要素：人物、冲突、改变、对白、细节、数据。**

我之前写过一篇名为《离开腾讯一个月，我照样可以赚10万》的文章，知乎上累计获得7000多个赞，为公众号"贺嘉老师"吸引了超过12000名粉丝。

文章里表达了冲突，就是我离开了腾讯这样的一流平台自己干这样的两个不同选择之间的冲突；也有数字，比如"照样赚10万"；还有对白"很多人觉得不理解我为什么离开，我和他们说……"

演讲后，能传播。

当然，一个真正厉害的演讲不仅仅可以做到听众愿意听、记得住，更厉害的是在演讲后还可以广泛地二次传播。

比如Facebook创始人马克·扎克伯格的演讲《创造一个人人都有目标感的世界》，我发现，朋友圈里总监以上的互联网中高层，很多人都在转发。

我之后问了几个转发的朋友，才算是搞明白了。

原因在于很多中高层都觉得自己的下属虽然看起来好像每天都很忙，但实际上不知道在忙些什么。

若你看到马克·扎克伯格的演讲说"人人都要有目标感"时觉得很有共鸣，转给自己的下属看看。

所以，你发现了吗，真正能够传播的内容，是要能够激发情绪上的共鸣的。

你也许会问，怎样激发情绪上的共鸣呢？

简单地说，面向基层多讲故事，面向高层多讲初心。

因为一线员工的抽象思考能力不一定特别强，反而是一些具体的故事和细节更容易打动他们。企业高层往往见多识广，不太在意一两个故事，反而是你为什么要做一件事的初心，更容易引起共鸣。

就像有些电视剧里说的"我在你身上，看到了当初的我"是不是有点煽情……

## 如何达到好演讲的3个标准？

我之前辅导过一位腾讯的总监，最早他演讲时有些紧张。经过我的辅导后，他可以流利地表达，包括和政府领导分享一些互联网的最新技术和前沿进展。

更重要的是，他主动抓住了表达红利。

他会及时地把项目结果分享到Pony在的微信群，一年被Pony点了20多个赞，自然而然他的团队拿了公司级业务突破奖，他晋升为公司总经理。

他用的演讲结构是问题+解决方案，关键的记忆点是"互联网+警务"的样板城市。

### 案例："互联网+警务"项目进度汇报

第一点：用一个问题开场，引发好奇，听众愿意听。

随着社会的发展，在所有的政府服务中占比最重、使用最频繁的公安服务已经遭遇到了发展"瓶颈"——因为办公时间、办公场所、人员数量、办事流程等因素的限制，不可避免地会出现办事大厅人头攒动、办事流程烦琐、排队叫号等待时间长、缴费渠道少、业务知识宣传普及不及时等情况，影响公安服务的效率。

第二点：把解决方案总结为"互联网+警务"七大解决方案，让听众记得住。

首届腾讯"互联网+警务"峰会在苏州召开，会上，腾讯正式发布"互联网+警务"七大解决方案，分别为公众服务解决方案、智能交通解决方案、社会治安综合管理解决方案、警务协同管理解决方案、人脸核身解决方案、反诈解决方案、警务云解决方案。

第三点：能传播，打造"互联网+警务"的样板城市，让听众能传播，想要复制。

作为"互联网+警务"的样板城市，"苏州公安微警务"一期和二期已上线66个功能点，其中包括交通违法处理、智能出行、自助移车、开锁求助、出入境办事服务等群众关注的多个创新特色应用，通过近两个月的推广，全市微警务用户数达到70万，访问量超200万。

你的演讲能够做到愿意听，差不多有60分。

你的演讲能够做到记得住，差不多有80分。

你的演讲能够做到能传播，差不多有90分。

对于大多数演讲领域的初学者，能够努力做到愿意听+记得住就不错了。

我们听完还能主动帮他传播的演讲并不会特别多，需要演讲者本身对于听众的情绪有深度的洞察和共鸣，这点大家可以作为一个长期目标来努力。

# 消除演讲紧张的12种方法（入门）

女朋友不舒服怎么办？

直男说："喝热水呀！"

演讲前紧张怎么办？

小白说："深呼吸呀⋯⋯"

如果是消除紧张感，你只有深呼吸一种方法可行，你收获的回复就可能像女朋友不舒服时说"喝热水"的直男所得到的反馈一样，只有满满的白眼⋯⋯

这里，我和大家分享12种实用技巧，帮助大家消除公开演讲前的紧张感。

## 上台前：

①准备—准备—充分准备。

哪怕你是再有经验的主持人或企业培训讲师，你有没有准备演讲，普通人一听还是能听出差异的。

②试讲至少3遍，提前到现场彩排。

雷军会提前2天包下场地，而乔布斯会提前一个月包下场地做彩排。

③充分的睡眠。

有些人只睡3小时，演讲时一样精神饱满。但是我们大多数人做不到，所以演讲前一定要好好休息。

④在现场听众中提前认识一些朋友。

你的听众中如果有一些你提前认识的朋友，可以极大地方便你在演讲现场与听众互动，当没人支持你的时候，他们至少更愿意站出来和你互动。

⑤和亲戚朋友打个电话，聊聊接下来的演讲。

和熟悉的人谈论演讲内容，可以让你不那么紧张，至少可以正常地谈论有关话题。

⑥在厕所里，对自己说"我是最棒的"。

洗手间很多时候是我们的安全空间，可以通过自我暗示让自己放松下来。

## 上台后：

⑦把听众想象成冬瓜。

这样做的好处在于，你心里就不会把听众当成一种威胁——他们对你是无害的。当然，你成为演讲高手之后，可就不能这么做了，你要记得和听众多做互动！

⑧目光看稍远处，不直视听众。

或者是看那些比较友善的听众，告诉自己他们是站在你这边，希望你的演讲成功的。

⑨双手叉腰站2分钟。

这是社会心理学家艾米·卡迪在TED演讲中分享的一个小技巧，这个积极的肢体动作可以帮助我们提高激素分泌，帮我们更好地消除紧张感。

⑩紧张的时候喝口水，用这个时间想词。

如果你忘词了，就慢慢地喝一口水，想想词。

⑪通过发气泡音来放松自己的心情。

如果你学过主持和发音，可以试着用喉咙发出一系列的气泡音看看。

⑫带一个自己熟悉的道具。

这些熟悉的道具会给你安全感，比如遥控笔、你演讲时常穿的一套最好看的西服。

其实真正消除演讲前紧张的方法远不止这12种，而这12种消除演讲前紧张感的方法也是贺嘉"30天演讲训练营"第一期学员集思广益的成果。

都说"教学相长"，感谢小怡、精灵、布瓜、箫舞飞扬、Aida、Duangduang、Miffy、Jessica、茵、Drramwalker、红枫、YS等同学的内容贡献和对我的启发。

**每个人其实都有不少问题的答案，你需要和一群人在一起，互相激发，一起练习。**

## 如何做一个让人想加你微信的自我介绍（入门）

如何做一个让人想加你微信的自我介绍呢？

作为一个成年人，大家出来混总是要认识些其他人的吧？！

在社交场合里，有些人似乎自带光环，一开口就能吸引一群人围着他。而另一些人过于低调和谦虚，明明很有才华、很有亮点，却不外露，殊不知很多业务机会就这样与之擦肩而过。

所以说，在社交场合有一个富有吸引力的自我介绍，显得尤为重要。

如果你能做到一介绍完，别人就想加你的微信，无形之中你的业务机会肯定会比别人多3—5倍。

我的朋友"L先生说"的创始人Lachel，他在写作方面特别有天赋，很擅长把握大众的情绪，从2015—2017年，每一年他都发表了一篇爆款文章。

他的文章火到什么程度呢？

一篇《你的深度思考能力，是如何一步步被毁掉的？》全网阅读量达1000多万次，给他的公众号涨粉10万。

甚至我在3个月之后有一次出差去汕头的商务车上，还无意间听到当地电台的主持人跟听众们介绍这篇文章。

而他在和我刚认识的时候自我介绍是这样说的："我是一个90后的新媒体创业者，也是互联网经理人，有一个公众号叫'L先生说'。"

他的这句自我介绍不能说不好，只是没有突出自身的亮点和最有意思的经历。

我给他的建议就是把"一篇文章全网阅读量1000万次、涨粉10万"作为自己最重要的关键数据加到自我介绍中。

他听了我的建议，后来在我们的深圳大V会上，很多大V都抢着加他的微信，还问他什么时候有这种教人写出能在朋友圈"刷屏"的文章的课程可以上……

**一个能够让别人听完就想加你微信的自我介绍里一定是有亮点、有故事的。**

一些名人在早期职业生涯求职的时候所写的简历，就是一种很有意思、很有特点的自我介绍。

·俞军（前百度产品副总裁、首席产品架构师）的求职简历（节选）

长期想踏入搜索引擎业，无奈欲投无门，心下甚急，故有此文。

如有公司想做最好的中文搜索，诚意乞一参与机会。

本人热爱搜索成痴，只要是做搜索，不计较地域（无论天南海北，刀山火海），不计较职位（无论高低贵贱一线二线，与搜索相关即可），不计较薪水（可维持个人当地衣食住行即是底线），不计较工作强度（反正已习惯了每日14小时工作制）。

·罗永浩投递新东方的求职信（节选）

我想我多半看起来像是个怪物，高中毕业，不敢考数学，居然要来做教师。但是我到新东方应聘不是来做教师的，我是来做优秀教师的，所以不适合以常理判断。

……

……想想王强老师的经历，所以我也来试试说服您。我们都知道那个美国老头儿虽然觉得他很荒唐，但是他还是给了王强老师一个机会去见他，一个机会去说服他，所以我想我需要的也就是这么个机会而已。

给我个机会去面试或是试讲吧，我会是新东方最好的老师，最差的情况下也会是"之一"。

俞军老师的自我介绍，突出的是自己对于做搜索产品的热爱，钱再少、活儿再多都不怕；罗永浩的自我介绍，突出的是自己不拘一格，希望得到新东方的赏识。

自我介绍这件事是有套路的：

**关键数据+成就事件+可提供的价值+脆弱一面（可选）+成长事件（可选）**

在时间比较短的时候，我只介绍自己的第一个身份：长江商学院CEO班的演讲教练。（成就事件）

如果要多讲一点，我会加上：最近和朋友经营下班后赚钱的训练营，用3周的时间实现了近100万收入。（关键数据）

时间允许的情况下，我会跟对方讲我自己也有自媒体，公众号粉丝量4万多，知乎有20万人关注。如果对方想去了解知乎或者是知识付费，我就可

以分享一些个人经验。（可提供的价值）

　　如果大家交流得比较深，我会跟他讲，我有一个1400人参加的"TEDxZhuhai大会"，也是FT中文网和虎嗅网的撰稿人，跟他聊我是如何从工行跳槽到腾讯，然后在离开腾讯之后获得了一个不错的职业发展。（成长事件）

想赚到更多的钱或者得到更多人的帮助和赏识，你要先学好做自我介绍才能有更多的机会。

# 小 结

# 看了3年罗振宇的跨年演讲，从中学会的5个演讲套路（中阶）

2017年的最后一个晚上，我看了一下朋友圈，大概有1/3的人转发了罗振宇老师的跨年演讲。朋友圈里的李翔、蔡钰老师本身就是这场跨年演讲的策划团队一员。

记得最早因为我给FT中文网写了一篇关于CTO能力模型的文章，罗振宇老师拉了个小群介绍了李翔老师。

我起初不太喜欢追热点，所以在罗振宇老师的跨年演讲进行到第三年之后，我才把这3年的跨年演讲看了一遍，分析了一下里面适合我们每个人的演讲套路。

听完罗振宇老师3年的跨年演讲720分钟的内容，我做了一张详细的、有100多个要点的思维导图（关注公众号"贺嘉老师"，回复关键词"跨年"，可以免费拿到这张高清的思维导图，学会更多演讲的套路）。

## 开场

用1个提问开场，再给出3个有代入感的人物。

优势：快速拉近与听众的距离，给用户愿意听下去的理由。

图6-1　罗振宇2017年跨年演讲开场

图6-2　罗振宇2015年跨年演讲开场

图6-3　罗振宇2016年跨年演讲开场

提问：2017年，哪一天你认为很重要？

有代入感的人物：

· 女性用户有代入感的："罗辑思维"的CEO"脱不花"。

· 大学生们有代入感的：一名刚读大学的"得到"用户。

· 中年男性有代入感的：冯唐的"中年油腻猥琐男"。

相较于2015年，罗振宇用自己失恋时坐缆车的故事和2016年表扬听众、调侃台风为开场，2017年提问式的开场更有思考的深度，同时又通过提供听众有代入感的人物，成功地拉近与听众的距离。

可以看出，罗振宇老师在2017年的演讲，开场部分的套路越发明显了。

### 如何把一件事说明白

比如要说明一个点：用户心智快速迭代。

罗振宇的套路是这样的：身边故事（提供代入感）+播放录音（让用户体验）+提出概念（小结）。

身边故事：

去朋友家做客，发现他们的孩子一边做作业，一边放着一部电影，还一边跟同学聊天。手机、电脑、iPad三个同时进行，但其实这孩子是学霸。

让用户体验：

来，放一段徐小平老师的录音……

这是三倍速。然后，我们听听他到底在说什么。

……

你看，这才是原话对吧？但是有一天，我遇到一个用户，他很有名，当然他不让我说他是谁。他说，什么三倍速，我是用五倍速听的。

提出概念：

那个童话故事里，豌豆公主说的"我隔着20层床垫，隔着20床鸭绒被，我还能感受到一只豌豆硌着我"，这叫豌豆公主效应。

从故事、体验、概念三个不同层面让用户去理解和感受什么叫作"用户心智快速迭代"，说得很明白。

### 让演讲高大上：动词+大词

罗振宇在"得到"的一次跨年演讲中说："'流量思维时代'，渴望吸引新用户。'超级用户时代'，服务好已有用户。"

大词"超级用户"，让你感觉新颖。

什么叫"超级用户"？什么叫"超级用户思维"？就是我不光关心我有多少用户，还关心我有多少超级用户。

现在识别所谓的超级用户用的方法其实很粗浅、很粗糙，就是找你交点费，但是你还真别觉得交费没什么用——交费就是识别。

动词：对大词进行通俗化解释，从"吸引"新用户到"服务好"已有用户。

## 互动

播放视频：让听众直观体验一些变化与概念，关键点在于视频不能太长，而且要能提供新颖的体验。

我们来看一段视频。这是在吃饭。他在哪里吃饭？

这是工人在高压线上吃饭。

他们脚下的电压达500千伏。再底下，就是万丈深渊。网上有很多这样的视频，比如在高压线上睡觉……

送听众一个小的实用技巧，让听众在演讲之后产生收获感。

带着2017年我自己非常重大的认知升级，给大家推荐一个新词，叫算法。

什么叫算法？它不是规律，而是你用一种不断迭代的机制，提高自己达成目标的概率的过程，这就叫算法。

所谓人生算法，就是找到那种不断重复、永远重复下去最基本的套路。

邀请嘉宾：在长达4小时的演讲中提供新鲜感，也为主讲人腾出休息的空当。2015年邀请的是滴滴出行创始人程维，2016年是王石，2017年……

嘉宾的分享可以起到调剂作用，还可以让大家提升对于主讲嘉宾的品牌价值定位的认识。

每个嘉宾分享的时间基本都是在15分钟以内。

现场发布：向听众售卖参与感。

今天——此刻，在2018年即将到来之际，这本书，在"时间的朋友"第三届跨年演讲全球首发。现场的朋友可以扫描二维码，电视机前和看直播的朋友，你们将成为全球这本书的第一批用户。

请求听众帮忙。

不好意思，下面还要请大家帮一个忙。让我在掌声中，把赞助商名单念一遍……

## 结尾

技巧：干货+金句，让听众记住一句话。

在2017年跨年演讲的结尾，罗振宇说：

我、你、我们所有人都应该说一句话，这句话是木心先生说的，叫"岁月不饶人，我又何尝饶过岁月"。

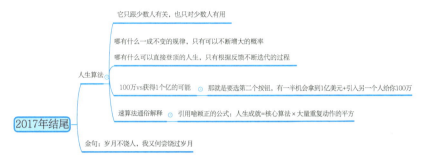

图6-4　罗振宇2017年跨年演讲结尾

　　从心理学上说，听众在一个4小时的演讲中能记住的，往往是演讲中的高潮和结尾。这就是每一个演讲者都要面对的"峰终效应"。

　　和2015年以排比句结尾的演讲、2016年罗列"得到"专栏作者故事的演讲结尾相比较，2017年演讲是以"人生算法"这个"干货"+"金句"为结尾，普通听众的启发感会更强。

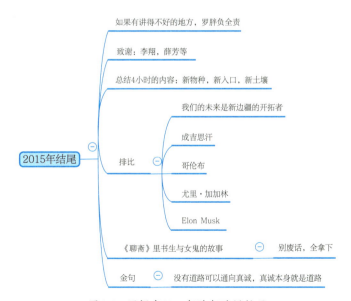

图6-5　罗振宇2015年跨年演讲结尾

2017年的跨年演讲里面讲的一个关键词"人生算法"，对我的启发很大。

8月时，因蔡钰老师的邀请，我有幸为"得到"的一些专栏作者做过一次关于演讲技巧的分享，我重新发现了自己对于演讲和影响力的热情，在未来我也会继续在这一领域不断重复下去。

罗振宇老师的这场跨年演讲要办20年，我相信也许再精进三五年，说不定我也会有深度参与的机会。

当一个热点事件出现之后，多思考一下热点背后的规律，也许你会收获更多。

# 小 结

## 实战干货：如何准备一场10分钟左右的剧场式演讲（中阶）

### 为什么需要关心剧场式演讲

越来越多的会议活动只给嘉宾15—20分钟的发言时间，要求在这段时间内讲清楚一个东西。

现在给你1—2个小时的机会越来越少了，对于大家而言，就更需要掌握如何进行剧场式演讲的技巧。

听众的注意力越来越短，对于演讲者的要求却是越来越高。

我自己每年会办一次1000人以上规模的演讲大会，也会担任一些企业的演讲教练。最近，我在北京辅导了今日头条的海绵演讲的演讲者，主要是头条号的作者。

在教过近1000位高管学员，辅导过100多位演讲者之后，我发现在剧场式演讲这件事上，也有一定套路可言。

### 剧场式演讲常见的3类问题

过去的大学讲课或者是企业主办的分享活动，往往会给演讲者2—3个小时的时间。这样就养成了一部分演讲者的一些不是特别好的习惯：

· 想要讲的内容太多，没有考虑到听众想不想听。

· 开头的大段讲个人经历，没有进入主题。

·缺少时间控制能力，节奏冗长。

这些剧场式演讲问题背后的原因，其实还是一句话：很多人错把演讲时长等同于影响力。

**你要知道，我们应该讲得更少，让听众记得更多。**

剧场式演讲和其他日常演讲的区别：

·多位嘉宾，往往给听众印象深刻的只有1—2位。

·时间短，主要是激发听众的兴趣。

·对于内容的紧凑度、嘉宾的时间把握能力要求更高。

从本质上而言，剧场式演讲就是用10—15分钟的时间，讲一个对听众有启发的观点，并且让他们产生记忆和想要了解这个领域更多内容的好奇心。

达到这一要求的演讲，就算得上是相当成功的了。

### 如何快速准备一场剧场式演讲

① 内容上，讲多不如讲少。

比如，我最近辅导的一位讲太空的主讲者，我们用15分钟只讲了一个话题——太空垃圾，而且重点放在告诉大家一个观点：是时候清理太空垃圾了。

② 用小技巧，提升听众的收获感。

以很多明星的演讲为例，不论是什么级别的天王巨星，其成长经历或者获奖记录，实际上对于大多数普通听众都是没有参考意义的。

我们一般会建议，在剧场式的演讲中增加2—3个普通人也学得会的小技巧，这样可以大大提升听众的收获感。因为他会觉得这些小技巧是他接下来用得上的。

③ PPT的设计简约一些。

我辅导过一些年纪较大的人，他们都会在PPT里放入过多的动画要素。明明用一张图可以讲清楚的内容，非要用3—4张动图，其实这样特别容易干扰听众的注意力。

一般来说，我会建议演讲者的PPT尽量简约一些，因为剧场式演讲现场的重点应该是演讲者。演讲者通过声音、内容+PPT的视觉提示，引导听众的思路。

## 剧场式演讲准备清单

### ·演讲准备阶段

主题：与听众相关的话题，观点或案例要有新意，不要有争议性、政治敏感性内容。

演讲结构设计：备选结构，比如：为什么—是什么—怎么做。

互动设计：提问、送礼物、带大家做一个小游戏。最好每隔一段时间就通过互动来吸引听众注意力。

### ·试讲阶段

流畅度：对演讲内容要有一定的熟悉度，试讲前自己最好练习2—3遍。

现场发挥的能力：最好有一些自嘲、段子或者是有趣的故事。

语调起伏：切忌过于平淡，语调一直是一根直线。

### ·现场彩排阶段

情绪：通过小练习消除现场演讲的紧张感。

站姿：双脚不要叉得太开，整个人要站直，否则拍摄的视频会不好看。

着装：偏正式的套装、西装。

眼神：每隔2—3分钟看向不同方向的听众，和他们有一定的眼神交流，目光中要带有一定正面的鼓励。

手势：设计1—2个招牌性的手势即可。其他时间保持双手在腰部以上，可以显得比较有气势。

对于一个演讲者而言，最好的奖励就是听众的肯定。听众的肯定，最直接的表现方式就是掌声和笑声。

# 小 结

## 清单：高管常用的15种演讲模块（高阶）

我最近在上海给刚刚登陆A股主板的风语筑的高管团队做演讲培训。其间我和既是设计师，又是企业家，更是"校长"的李晖董事长进行了交流。他问了我一个问题："针对上市公司高管的即兴演讲，有没有什么好用的套路？"

对于上市公司高管而言，与员工谈话、拜访客户、行业内分享等各种场合都有可能要说上两句，而且有时是主持人临时邀请你上台，所以怎样提高个人的表达能力，塑造一个良好的个人与公司形象就是个很重要的问题。

这个时候就要用到"内容模块化"的演讲技巧，帮助你提高即兴演讲的效果。

针对一些常用的演讲主题，这里给出了15种演讲模块，希望大家多次练习并且优化。在需要即兴演讲的一些场合随时调用。

每一个演讲内容模块包括：模块名称、结构、适用场景。

图6-6　演讲内容模块化1：媒体采访

管理团队谈话　　　　自我介绍　　　　人才标准　　　　行业趋势看法

图6-7　演讲内容模块化2：管理团队谈话

### 面向所有人时

①自我介绍

套路：姓名+标签/职位+成就事件（包含数字）+金句

适用场合：适用于一切需要让别人认识你的场合。

②创业/做事的初心

套路：为什么要做现在这件事（Why）+你做事情的方法和不同于别人之处（How）+取得的成果（What）

适用场合：阶段性小结、员工谈话、行业分享。

③成长最快的一件事

套路：成就事件（包含数字）+故事经历+经验复盘

适用场合：员工分享、管理团队谈话。

④最失败的一件事

套路：失败的事+故事经历（包含细节、对白）+经验复盘

适用场合：员工谈话、朋友交流。

⑤印象最深的一句话

套路：对比/排比/引用

适用场合：需要用到金句，加深听众印象的场合。

## 面向管理团队时

⑥你对领导力的看法

套路1：讲一个小故事+分析里面如何体现了领导力的要素

套路2：分析领导力的要素+讲一个小故事

适用场合：管理团队会议。

⑦给新晋升的管理者3点建议

套路：公司企业文化+人才提拔标准+期望与勉励

适用场合：新管理者谈话。

⑧最近在看的3本书

套路：书名+推荐理由

适用场合：管理团队集体学习，日常闲谈。

## 面向员工时

⑨你眼中的人才标准

套路：员工的提问+你的标准+某个获得晋升的员工的故事

适用场合：年底员工勉励谈话，鼓励大家积极干活。

⑩对你影响最大的一个人

套路：事件+影响你的时间

适用场合：管理团队集体学习，日常闲谈。

⑪给员工打气，年底勉励谈话

套路：今年的困难+依旧取得了的成绩+明年目标+明年奖励机制

适用场合：公司年会、员工绩效面谈。

### 面向行业内

⑫对于行业趋势的看法

套路：行业变化的+行业内不变的

适用场合：行业峰会+沙龙分享+公司内部战略会。

⑬如何看待竞争对手?

套路：我们自己的优势和与对手的不同之处，不提对手不好的点。

适用场合：媒体采访、客户询问。

⑭行业外对于本行业的最大误解

套路：外行都认为我们是……+实际上我们是……

适用场合：媒体采访、行业分享。

⑮对于行业新人、大学毕业生的寄语

套路：我是新人的时候是如何度过迷茫期的+学会的三件事

适用场合：新员工谈话、毕业生分享、校招。

当我们用好"内容模块化"的演讲技巧，对于以上15种演讲模块都提前加以准备，并且多试讲几次，任何一个普通的即兴演讲，就都可以做到侃侃而谈。

别人以为你是即兴演讲，实际上这些内容都是你准备过的，只不过根据不同的演讲场合加以灵活组合罢了。

# 小 结

# 如何写出一句容易被人记住的金句（高阶）

准备一场演讲最怕的是什么？

当然是没人看！

有一次，我在出差的途中看了一个播放量600多万次的演讲，主讲人是北京大学副教授李迪华。

真正让我感到好奇的一点是，为什么李教授的演讲播放量可以这么高呢？

他的演讲主题是"与人为敌"的人居环境，讲的是城市里有哪些不合理的城市规划和设计，给居民如何造成了各种问题。

整个演讲是以爱默生的一句金句开场："你的善良必须有点锋芒，不然就等于零。"然后，他讲了一个他的忘年交因为城市中设施的问题摔断骨头，郁郁而终的故事。

80%以上的主体内容是在讲城市里各种各样不方便的问题，有危险的设计与细节。

演讲结尾提出了一个号召，希望大家积极拨打12345的市民热线及时反映这些问题，并且举了一个成功督促政府改变这些不合理规划的案例。

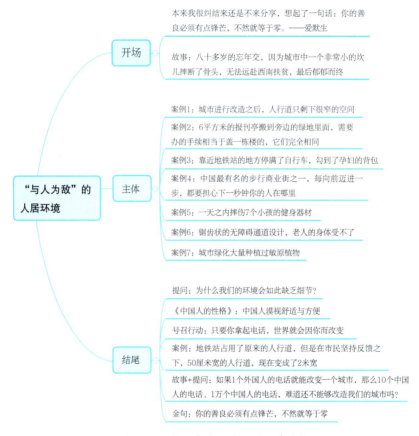

图6-8 "与人为敌"的人居环境演讲

结尾的金句呼应了演讲开头，也表达了强烈的情绪，我作为一个听众都有马上拿起电话的冲动。

这就是一个真正能够让你记得住，而且想要去改变并采取行动的好的演讲，是能够广泛传播的例子。

不仅仅是新媒体的写作需要金句来撩拨受众，现在的各类演讲也需要金句让听众印象深刻，引发二次传播。

在辅导100多位演讲者的过程中，我发现了一个很有意思的现象：现在一个10多分钟的演讲，如果没有3—5个金句，无论你讲了多少，听众可能什么都记不住。

所以我给演讲者的建议是：一场成功的演讲，不过是让听众记住了你的一句话。

## 什么才算是金句

金句=内容的总结+有节奏的语言+引发情绪共鸣

好的演讲金句，应该是对于演讲内容的总结，可能是对于某一部分演讲内容的总结，也可能是对于整个演讲内容的总结。

我经常问演讲者：如果你的整个演讲只有一句话能被听众记住，你希望是哪一句？

此外，金句还有一个特点就是不会特别长，一般在20—30字，同时应该是朗朗上口的。

比如，乔布斯在斯坦福大学演讲中的金句"stay hungry, stay foolish"也不过短短4个单词。

更进一步，好的演讲金句应该可以激发听众的情绪，当然你所激发的情绪，可能是共鸣，可能是恐惧，也可能是希望。

比如朋友Spenser在文章《没事别想不开去创业公司》的结尾用了一句："创业时常是一个人的夜路，胆小者勿入。"这句话非常能引发创业者这个群体的共鸣。

在我看来，这句话是对创业者说"我理解你"的同理心。

与很多自媒体大V交流后，我有了一个很有意思的发现：新媒体文章的结尾，如果有一句能够打动用户情绪的金句，阅读量可以增加5—10倍。一篇本来阅读量是2000次的文章，可能就变成了10000次的阅读量。本来可能是20000次阅读量的文章，可能就成了一篇爆款文章。

不少自媒体人会写3—5个不同版本的结尾金句，看哪个效果好，更容易引发用户的转发，再决定用哪个金句。

## 打造能传播的金句的6种套路

打造金句的过程离不开模仿，当然不能止步于模仿。

否定句式：关于××，你知道的都是错的；永远不要××，永远不要××。

这种类型的金句的好处是，否定句式比较容易激发用户情绪。

例子：永远不要为坏人工作。

类比：××就像××一样，××××。

换句话说，就是用听众熟悉的内容，解释他们不熟悉的内容。

在应用类比这一技巧来打造金句的过程中，难点在于如何找到合适的比喻，同时比喻应有助于听众的理解，但是往往并不是100%准确的。

例子：爱就像蓝天白云，晴空万里，突然暴风雨。（杨坤《答案》）

提问：比较适合用来做开场和中间的过渡。

这种类型的金句有一个先天的优势，听众看到问题脑袋就会开始思考。

例子：我们不是强者，还能不能登上舞台？（罗振宇2017年跨年演讲）

例子：中国企业的高度分工到了什么程度呢？（罗振宇2017年跨年演讲）

分类：关于××，不过是×件事，是……

分类，一方面可以预告接下来的要点，另一方面可以用于演讲结尾的总结，让听众快速回顾一下本次演讲中涉及的主要知识点。

例子：我们要做两件事：第一，要尽可能做让用户觉得长脸的事。我们要做的第二件事，就是绝不给用户丢脸。（罗振宇2017年跨年演讲）

AB ＝ BC句式。

这种类型的句式，重点在于"重复＋变化"。

例子：没有一条道路通向真诚，真诚本身就是道路。（话剧《冬之旅》）

例子：我走过世界上最长的路，就是你们男人的套路。

认知升级句式：不是××，而是××；不在于××，而在于××。

这种金句主打的新旧两种认知的对比，"不是"的部分对接旧的认知，"而是"的部分对接新的认知，一般来说新的认知要比旧的认知更有深度。

例子：我们不是要讲得更多，听众啥都记不住。而是要讲得更少，让听众记住更多。（贺嘉）

例子：赢得未来的制胜法宝，不在于你拥有多少资源，而在于你能调动多少资源。（阿里巴巴集团学术委员会主席、湖畔大学教育长曾鸣）

我知道，很多人都害怕演讲，也害怕文字写作。其实当你知道本节内容的其中一点之后，就不用担心了。你讲或者写的80%内容，听众或读者都是听完就忘，这是记忆规律所决定的。我们真正要做的事，就是找到值得分享的演讲主题，用故事+金句抓住听众的注意力。

把你最希望听众记住的一句话，像发射一颗子弹一样射进他们的大脑里。

因为我们都知道：一场成功的演讲，不过是让听众记住了你的一句话。

# 小 结

第七章

文字输出——
写作

# 迷茫的年轻人，我为什么建议你写作

## 为什么要写作

写自媒体的4年里，经常会有读者找我咨询一些职业生涯发展的问题，大体是这几类：

毕业生：很迷茫，找不到方向；

工作几年：很迷茫，找不到方向；

工作10年以上：很迷茫，找不到方向。

对于所谓的"迷茫"，我用一句话概括：**你的能力配不上你的欲望。**

之前有一篇文章叫作《寒门再难出贵子》，讲的就是知识分子家庭、官员家庭和生意人家庭出身的小孩，在学识、阅历、为人处世上，比那些出身职工家庭和农村家庭的小孩明显高出一截。

**对于年轻人而言，无论过去还是现在，写作都无疑是改变人生命运的一条捷径。**

2010年以来的自媒体时代，很多人因为擅长新媒体写作，变成了月入数万的自媒体人。

我认识的一个知名自媒体人，之前就是一个出版社的普通得不能再普通的编辑，过的是朝九晚九的日子。但是，开始自媒体写作之后，通过两三年的努力，他积累了几十万的粉丝，基本上实现了财务自由，并且在北京买了一套房。

正因为90%的人都不善于通过写作去系统性地表达自己的思路，所以对于那剩下的10%的人而言，他们就有了比较之下的竞争优势，他们的一言一行更容易被别人看到，这也就意味着他们能得到更多的机会。

当然进入社会化营销时代之后，被更多人看到，还意味着你可以卖产品给更多的人。

有一句话说得很经典："天下熙熙，皆为利来；天下攘攘，皆为利往。"写作恰恰是一种门槛很低，又能让你获得巨大收益的方式。

## 写作到底是什么

写作这件事情在古代被赋予了一种神圣的意义。《易》曰："鼓天下之动者，存乎辞。"

大概的意思就是，文章是一种能够影响天下人的表达方式。

在古代，写作这件事情也是少数人的权利。首先，这个人必须家境不错，上得起学认字，同时家里得有藏书；其次，要烧得起灯油，因为晚上要看书。有了足够的阅读量做铺垫，这个人才有可能写出好东西。

但是，**现在**，**写作是每个人都有可能抓住的机会**。教育普及让每个人都有了基本的读写能力。互联网的兴起，特别是微信公众号这样的产品出现，让写作者和读者连接的成本变得极低。

现在的写作是把你对于生活的体验、观察和思考，以一种有条理同时富有感染力的方式，通过文字重新呈现给大众。

《文心雕龙》中关于"风骨"是这么说的："练于骨者，析辞必精；深乎风者，述情必显。捶字坚而难移，结响凝而不滞，此风骨之力也。"

在我看来，一篇文章的条理性就是这篇文章的"骨"，而这篇文章所呈现的情感，就是这篇文章的"风"，一篇好的文章应该兼具"风""骨"。

前面讲过表达力的模型，其实写作这件事是特别符合表达力模型的。

**写作的模型主要包括5个部分：输入—目的—思维体系—输出—反馈。**

输入是指我们的生活经验和他人的生活经验，以及我们的阅读经历。

我们写作的目的可能是为了名，也就是影响更多人；也有可能是为了利，就像那些销售文案是可以直接给写作者带来收入的。

我们输入的素材要根据目的，经过我们的思维体系的加工才行，就像牛吃完草之后所进行的反刍一样。

在以写作这种方式输出的过程中，我们既要考虑到话题与读者的相关性，又要考虑到我们写作的角度是否新颖，还要考虑到内容的结构对于读者而言是否容易理解。

写完一篇文章之后，当你在微信公众号后台点击"发送"的那一刻，就像一个忐忑的学生在考场中提交试卷一样，你要根据阅读量和用户评论的反馈，才知道自己"考"得如何，以及有没有达到自己写作的目标。

## 如何开始写作之路

写什么话题？

一般来说我会建议大家写三类话题：用户能产生共鸣的内容，对读者有用的内容，以及你深入思考后的内容。

我最近有一篇文章《别做被小公司毁掉的年轻人》，阅读量是平时的2—3倍，因为它写的就是用户有共鸣的内容。

后来我又发了一篇文章叫作《徐峥的有趣：一句话怼了半个娱乐圈，再用一句话圆回来》，这属于对读者有用的内容，他可以通过这篇文章来提升自己的幽默感。

我很喜欢深度思考，所以写过一篇文章叫作《什么事情是你当了领导才明白的》，知乎上有近万个赞。这篇文章让很多读者感到恍然大悟，这点离不开我对于"领导力"这个话题的深入思考。

如何选取写作角度？

一般来说有两个角度，由小到大，或者由大到小。

比如，我看了徐峥的一次演讲后，就写了一篇关于他这个人是如何有趣的文章，这属于由小到大。我在写《什么事情是你当了领导才明白的》时，先是讲了一个通用的领导梯队模型，又讲了一个开除员工的故事，这属于由大到小。

内容结构如何展开？

这里给大家提供一种通用的写作结构：为什么—是什么—怎么做。

"为什么"讲的可能是一个现象，或者是一个故事，由此引出我们为什么要讨论现在这个话题。

"是什么"就是说给这个话题进行一个定义，比如什么是有趣，比如什么是领导力模型。

"怎么做"就是写一些干货，那些读者可以具体操作的实践性强的技巧。

其实你仔细看一下，我很多文章都是按照"为什么—是什么—怎么做"的结构来写的，是不是逻辑结构特别清晰，同时又确保你作为读者，能够学到一些有用的东西呢？

如何培养写作风格?

当你坚持写作超过一年,或者是写过超过一百篇原创文章的时候,你会开始意识到,培养自己写作风格的重要性。

比如,很多情感类的自媒体就特别擅长在文章中,用一些尖锐的观点或刺激的事件来调动读者的情绪——"不××的都是××"。

她发朋友圈说,拆迁补了700万。

花钱时千万别心痛,这是今年的诺贝尔经济学奖获得者告诉你的。

为什么英租界多富商,法租界却成了流氓和革命家的天堂?

你和头等舱差的不只是钱。

你的深度思考能力是如何一步步被毁掉的?

一个写作者,必须选择写有深度的干货内容,还是写通俗易懂、能够撩拨用户情绪的文章。后者有一个好处是容易传播,阅读量就会比较高,那么广告很容易卖得更贵。

对于写深度思考类文章的人而言,他们有机会去影响更高端的用户。

就不同的写作风格而言,一方面考验的是写作者本身的经验和人生阅历,另一方面展示了不同商业模式的可能性,这是两种不同的选择。

年轻人，应该怎样去改变自己的职业生涯？我的建议之一就是写作。

哪怕你只想通过写作厘清你的思路，或是在工作上取得一些小的成果，或者方便跳槽，找到下一份薪水更高的工作都可以。

如果你有很大的野心，想抓住现在社交媒体的红利，那么，你更要持续地写作，不断地迭代，形成自己的写作风格，并且找擅长写作的自媒体付费请教，在写作的同时，注重新媒体的运营，积累起自己的用户和粉丝……

对于这一类人而言，我想说的是：写作不仅是一项技能，更是一种思维方式，它是一种可以改变你未来5年甚至10年人生命运的方式。

# 小 结

# 好文章的3种感觉

写作这件事，最怕的就是没有反馈。

"反馈"是阅读量，也是广告费。

对于新媒体写作者而言，找到感觉很重要。新媒体人追求"10万+"的数字，我自己的公众号上最高阅读量是2万次，发在别人的大号上阅读量为10万+。

就我所知的一些非常厉害的自媒体人，他们真的是有一些内容生产套路的。甚至有一些大号已经在用相对科学的方法，批量产生爆款内容：

1.确定选题：文章选题一定从50个选题中产生；

2.四级采访：大众—核心圈层—个案—专家，形成5万字的资料，从资料中提炼关键点；

3.互动式写作：在写作过程中不断与助理沟通交流，互动中确认是否写到位；

4.文章写完后，将会有1万字的数据分析报告，针对每篇文章、评论，有2人专门做分析，基于用户的反馈进行复盘。

## 好文章的3个标准：参与感+冲突感+代入感

对于好文章的标准是什么，在我看来，一是你这篇文章能够有很高的阅读量，二是这篇文章能够给你带来很高的收入，也就是所谓的名利。

### 参与感：热点+痛点

为什么写明星的文章看的人比较多？因为这些人物自带流量。读者看到这个人物或者是这个话题是他感兴趣的，就更愿意点开。

比如，之前我写过罗振宇的跨年演讲分析、徐峥的演讲套路的文章，阅读量都是平时的3—5倍。

痛点类的文章是读者长期感兴趣的问题，比如，职场晋升、跳槽。

我之前写的文章《什么事情是你当了领导才明白的》，这种内容对于读者而言是长期有用的，所以即使不追热点，也能持续地吸引读者的注意力。

### 冲突感：求而不得

我之前写过一篇文章叫《三线城市没有未来，一线城市没有稳定》，反映的话题就是年轻人要求的自由和父母希望的控制权之间的冲突。

往往这种求而不得的冲突，就是驱动我们内心的原动力。

### 代入感：用户的问题+内心戏

孤独感、焦虑、选择困难症这些都是现代人的心理病，甚至有个公众号就叫"我们心里都有病"。我自己写过一篇《别做被小公司毁掉的年轻人》，原因就是看到身边有太多的年轻人在小公司里没有养成良好的工作习惯，最后职业发展的路径受阻。

如何在文章中激发用户的情绪?

### 替读者说话

《别做被大公司毁掉的年轻人》这篇文章本身和很多就职于大公司的读者就相关,而且更进一步指出了大公司的不少问题,让读者大呼过瘾。《第一批90后已经出家了》就表达了90后青年佛系生活、佛系恋爱的心态。

### 提供读者不知道的新知识

《请回答1988,那个龙年春晚结束后,岁月为我们埋下了这些彩蛋》也是从认知的角度,把很多与春晚相关,与1988相关的彩蛋串联在一起,给读者一种熟悉感的同时,又带来了满满的惊喜。

一篇公众号文章《你的深度思考能力,是如何一步步被毁掉的?》,击中了不少人内心的恐惧,而且也让读者反思一下自己是不是一个深度思考的人,帮助读者打造良好的个人形象。

### 宣泄情绪

有个自媒体大V有一篇特别适合让读者发泄情绪的文章,是关于朋友、同事的。我们每个人都碰到过一些不靠谱的朋友和同事,心有不爽却又未曾发泄。有人替我们写出来了,在我们认同后,就会转发借以表达情绪——二次传播。

　　一篇好的文章本身自带话题、富有冲突感，也给读者提供了代入感。

　　其实，哪里是你会写文章，不过是你把读者心中的话说了出来，而且说得比他们还好。

# 小　结

# 写作的2个模板丨普通人如何运用写作打造线上影响力

## 一篇文章能带来什么

我大学毕业3年多以后，因为偶然写的一篇人物采访获得了两个意外的机会。

在我的公众号只有1000多人关注的时候，我采访了当时金山的副总裁陈飞舟老师，写出了一篇《有意思的珠海人丨为什么我建议程序员多听听音乐？》，文章发出来后，因为有不少金山的员工转发，阅读量有6000多次。

有一位电视台的主任看到了这篇文章，加了我的微信还请我吃了火锅。他说："小贺，你文笔还是不错的，啥时候我们有机会合作一下？"

大概过了1个月，他给我介绍了一个通过编剧赚钱的机会——一个程序员居然有机会靠编剧赚钱，我觉得这个经历算是很奇特了。

同时一位拿到IDG投资的A轮企业的创业者看到了这篇文章，在我离开工行的时候，向我伸出了橄榄枝，给了我一个担任市场负责人的录取通知。

写作写得好，普通人也可以职场逆袭。

### 从写作中获得的3个好处

厘清思路，把思考的碎片用写作串联成知识体系。

很多人都有类似的困扰：感觉自己平时挺能说的，但是一到正式场合要发言时，基本上就是思路全无的状态。

在很大程度上，这是因为大家平时的交流多是想到哪儿就讲到哪儿，缺少系统性的思考。当你提起笔开始写作的时候，就会发现自己必须按照一个逻辑来表达看法。写得多了，你的表达自然就会开始变得更有条理性和系统性。

通过输出内容的方式，促进自己学习。

很多人在一个行业干了3年以上的时候，手头的工作已经基本适应了。一部分人就会停滞不前，待在自己的舒适区，用少量时间快速完成工作，而用大部分时间看电视剧、打游戏。

但是你一旦开始写作，就会意识到自己的知识匮乏，然后刻意学习，或者和前辈交流。因为你只有3年的工作积累，可能写一个月的文章也就消耗得七七八八了，你必须不断学习，不断输入，才能确保自己始终有新的东西可以写。

获得额外的职业发展和业务上的合作机会。

几年前非媒体科班出身的虎嗅网作者潘越飞因为坚持写作，26岁之前没有任何管人经验的他成了搜狐IT的主编，带领20多人的团队。

他说："那年，我的第一篇稿子投到虎嗅网被打了回来，万般惭愧；突然李岷联系上我（还以为他是小编辑），说再看了看还不错，准备发，我瞬间嘚瑟起来。从此踏上了在虎嗅网码字的'不归路'。从自媒体人到媒体人，是虎嗅网帮我完成了逆袭的道路。"

## 为什么普通人觉得"写作"很难？

很多人之所以用2—3个小时写不出一篇文章，除了素材不足外，主要的原因是他们的写作就像踩了一块西瓜皮一样，写到哪儿算哪儿，想到什么写什么，所以文章的不同部分之间缺少联系，或者逻辑特别跳跃，让人很难继续读下去。

在这里，我教你2个关于写作的小秘密。

第一，**通过写作打造线上影响力，并不一定要以数量取胜**。比如猎豹CEO傅盛可能要一两个月才写出一篇文章，但是他写的每一篇文章都是深度思考的结果，传播效果很好，影响力也很大。

第二，**写作这件事是有套路的**。先搭框架再填充内容，基本上1—2个小时可以写出一篇文章。

我发现一个很有意思的现象，身边这些很擅长写作的理工科背景的作者，大多数的写作习惯是搭好一个写作的框架，再往里面填充内容。因为这样做就会比较容易。

写作就像盖房子，如果你有2—3种常用的写作框架，再加上日常搜集的一些故事作为素材，那么真的动起笔来，就像在盖房子的过程中改好了预制件一样，效率自然就高。

不能够经常写作的人，如何通过几篇文章建立自己的线上影响力？

对于一般人，我建议大家从以下两类文章开始写作：

第一类是项目总结/工作汇报。

因为项目总结和工作汇报类的写作，可以帮助你的直属领导乃至更高的管理层了解你的工作成果，对于你的职业发展有着现实意义。

第二类是行业洞察文章。

行业洞察文章的意义在于，让行业里更多的人看到你的深度思考。说不定，他们会因为某篇文章来找你，甚至会给你提供一些职业发展或者是项目合作的机会。

像魅族的副总裁李楠老师，就是因为持续地输出关于苹果手机设计的各类深度观察文章后，写了一篇《iPhone可有设计哲学？》，被魅族创始人黄章看到。

黄章直接给出了"作者对可用性研究很深入，很有见解，想邀请加入魅族"的回复。

后来李楠老师就加入魅族，先是负责生产，而后负责营销，又从营销总监升任副总裁。你说会写文章重不重要？

### 写作模板1：工作汇报的三段论

腾讯员工经常用三段论汇报工作：

· 整体大盘趋势

· 小变化

· 结论

假设你是腾讯负责社交广告的员工，你可以写一个汇报向老板要明年的资源。

第一部分讲大盘趋势：2017年整个在线广告市场是4.3%的增长。

第二部分讲小的变化：其中腾讯社交广告2017年Q3增长63%，达到69.2亿元。说明朋友圈广告的潜力在逐步释放，而且从B端广告主来看，越来越多的知名品牌主也开始接受这一广告形式。

第三部分讲结论：看好2018年的社交广告收入增长，希望老板支持加大产品和人员投入。

这个三段论的应用范围其实很广，也可以拿来写一篇项目分析。

假设你是某个公益组织的负责人，你要写一篇文章促使更多公益组织重视线上宣传，参与你的某个公益新媒体传播课程。

第一部分讲大盘趋势：2017—2018年开始有了不少刷屏朋友圈的公益案例，比如腾讯的"99公益日""一元购买自闭症儿童的画"等。

第二部分讲小的变化：我们可以看到越来越多的公益组织拥抱线上传播，但是我们可以看到的问题是大部分公益组织的负责人还是了解不足，没有花时间和安排人员。

第三部分讲结论：我希望接下来能够开展一次1000人参与的公益组织新媒体传播的线上培训，希望大家能够给予一些转发支持。

### 写作模板2：行业分析/干货

我在知乎专栏里写了一篇文章《如何像高手一样思考，击败99%的同龄人？》，里面用到的写作套路就是**问题+原因+解决方案+总结**。

第一部分说问题：为什么你干得很辛苦，但是得不到老板的认可？

第二部分讲原因：高手比普通人厉害的地方就在于他们擅长对问题进行拆解，通过找到问题的关键，把事情做到101分。

第三部分是解决方案——拆解问题的方法论。

①以终为始，首先明确你要达到的目标。

②请教专家，分解下一级子目标，寻找可行的路径，并且梳理现有的资源。

③补齐资源，根据用户的反馈，调整当前的行动。

④盘点收获，复盘本次的行动。

第四部分是总结：老板的思维方式和解决问题的高手的思维方式最大的差异就在于，老板从来不是看手头现有的资源数量，决定自己干多大的事儿。

所以你看，这个行业分析和干货的写作套路是不是很实用呢？

在你动笔之前，只要你想明白了问题是什么、原因有哪些、背后的解决方法是什么，最后再来一个总结，一篇文章就写完了。

基本上想清楚了以上4点，完成一篇文章也就是1—2个小时的事情。这就是写文章的套路。

可能你还有个疑问，我的文章写完之后往哪儿发呢？

其实36氪、虎嗅网这些行业媒体都接受作者投稿，包括很多自媒体也都是接受投稿的。

**需要补充的是，写作这件事从来不是一蹴而就的。你只有不停地写，才能看到自己的不断进步。**

在虎嗅网编辑第一次审核通过我的文章之前，我被拒了差不多快10篇文章，要是你也遭遇退稿，就需要结合编辑和读者的反馈不断地调整文章的内容，以实现更好的传播效果。

如何通过写作，让更多人知道你，打造你的线上影响力？

还记得我们之前讲过《黑客与画家》这本书中的工作价值公式吗？

工作价值 = 成果的可测量性×服务客户数量

当我们已经积累了一定的专业能力，建立了和别人进行价值交换的基础之后，通过写作和演讲让更多人知道你，这会直接影响到你的收入。

# 小 结

## 坚持写作的过程中，你可能碰到什么问题

有什么事是你以为自己不行，但是最后硬撑过去的？

有一件事我坚持了将近4年，但是一度要放弃，那就是写作。

半年里，我连续写了20篇文章投稿至某知名媒体，被拒稿。公众号写了3年，更新了快800篇文章，但只有4000个粉丝，阅读量只有几百……甚至之前有位认识的豆瓣大V对我说："贺嘉，我觉得你还挺适合搞活动的，不然别写文章了，好好搞活动吧！"

那种感觉真的挺糟糕的，没有太多正向的反馈，也不知道前路在何处。就像在一条隧道里走，知道前途是光明的，却不知道什么时候才能见到光明。

好在，我已经度过了最难的时光，拒稿了几十次的媒体开始发表我的文章，我也算是FT中文网和虎嗅网的撰稿人了。

我运营了3年的公众号，在朋友的互推下2017年粉丝量翻了10倍，涨到了4万多，也开始有了广告和课程收入，累计金额已经超过20万。

坚持，真的能解释一切吗？

有很多朋友羡慕我，说我很能坚持。他们说："我要是能和你一样坚持，可能就会过得比现在好。"

我想了想，其实我不是一个特别擅长自控的人，我也爱打游戏，也会刷视频网站。

不过我想明白了一件事：成功学的"鸡汤"讲的坚持并不是一个人做成一件事的所有原因。

做成一件事，大多是有多个因素在起作用。任何试图给出单一因素的解释，都可能是错误的归因。

比如，写作这件事。

我在FT中文网撰稿的过程中发现，行业洞察的深度和与一线行业人员交流的鲜活例子，这些因素在我文章最后能发表这件事上发挥的价值远大于我的文笔。至于我坚持投稿，对于编辑审稿时起到的影响作用可能连1%都没有。

我不是说坚持不重要，而是说，**你不能只靠坚持来做事情，更重要的是学会技巧**。

坚持写作4年，我学会的3件事：

### 第一件事：快要放弃时再坚持一下，也许你就累到挂了

心理学家总结的耶斯基–道德森定律展示了压力水平和表现水平之间的关系。随着你投入成本（时间、精力）和压力的增加，正常而言你的表现水平是会不断提升的。

但是这个提升度是有一个限度的，当压力超过了这个限度，你的表现水平不仅不会上升，反而还会下降。

因为越是复杂的环境和重要的场合，你任何的疏漏导致失败的可能性越大，而在巨大压力下，你的动作往往越容易变形走样。

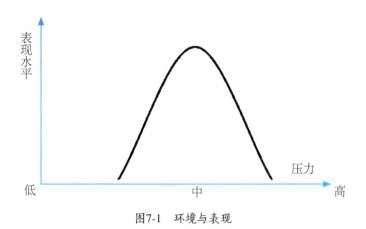

图7-1　环境与表现

除了坚持再坚持，你还要想一想有没有别的方法可以帮你达到目标，或者在不断向前推进之前，稍微放松一下，劳逸结合。

第二件事：我们要学会在真正重要的事情上坚持，因为意志力是一种生理机能，而非美德。

《意志力》的作者罗伊·鲍迈斯特设计了一个测量意志力的实验，看学生在饿着肚子做一批无解的题的情况下，愿意在题目上坚持多长时间才会选择放弃。

第一组学生直接做题，他们平均每人坚持了20分钟。

而另外两组的学生在做题之前则被带到另一个房间，面对刚烤好的巧克力饼干和一些萝卜。实验人员告诉第二组学生可以随便吃饼干，但是要求第三组学生只能吃萝卜。

大家可以想象一下在饥饿状态下，看着香气扑鼻的饼干而不能吃是一种什么感觉，第三组的学生面对的就是这种情况，他们需要强大的意志力抑制饼干的诱惑，并且只吃萝卜！

然后第二组和第三组两组学生都被带去做题，结果第二组跟第一组一样，平均每人坚持了20分钟，而第三组只坚持了8分钟。

唯一能解释通的理由是，第三组的意志力在抑制饼干的诱惑时被消耗掉了。

### 第三件事：钱，是最直接的反馈。

因为我有了自己的公众号和课程产品，一篇文章写得好，阅读量高，那么点击文章末尾广告的人就多，我可能就有三五千的收入；写得一般的文章，收入可能就少一点。

这种金钱上的反馈对于个人努力的刺激是非常直接的。

要知道，你上班的时候，每个月发的工资反馈周期是30天。而通过写作变现的反馈周期被大大缩短了，所以激励效果也会增强。

从另一个层面来说，如果你做一件事觉得很辛苦，并且越来越难，收入也没有增长，就说明你努力的方向可能是错的。

如果你做一件事越来越容易，而且收入越来越高，那么你的方向就对了。

坚持不能解释一切。

你的意志力是一种资源，一定要用在真正值得的事情上。

我希望你坚持的事情越来越容易做到，让你收入越来越高。

# 小　结

# 文章没人看，是因为你不知道这10种起标题技巧

一个好的标题，至少影响一篇文章50%以上的阅读量。

但是我发现，大多数学员在准备演讲稿的时候，花在标题上的时间都是少得可怜。

**标题最大的意义在于吸引读者或听众的注意力，告诉他这个内容和他有关、有趣或者是有用。**

下面我结合我的经验，分享10种起演讲和文章标题的思路。

| 起标题的10种技巧 | | 例子 |
|---|---|---|
| 有关 | 1.提问 | 人为什么活着？ |
| | 2.引入数字 | 90%的人都不知道如何自我介绍…… |
| | 3.戳痛点 | 其实，你男朋友也嫌你穷 |
| 有趣 | 4.营造画面感 | 如何开一场让用户排队的产品发布会 |
| | 5.建立代入感 | 你见过凌晨4点的珠海吗？ |
| | 6.利用反常识 | 卖保险的是如何忽悠你的 |
| | 7.加入流行语 | 在这个从小躺赢到大的女人面前，杨超越真的不算锦鲤…… |
| 有用 | 8.引用权威 | 见过汪涵，才知道什么叫真正的会说话 |
| | 9.突出用户利益 | 免费，赠送，福利 |
| | 10.突出低门槛 | 中专学历，他如何靠新媒体年入百万 |

### 1.提问

例子：《人为什么活着？》。

人对于问题天生就有一种好奇心。

如果你在演讲中设置了一个问题，听众就会去思考这个问题的答案。

即便他没有说出来，只要他开始思考这个问题，你就已经吸引了他的注意力。

### 2.在标题中引入数字

例子：《90%的人都不知道如何自我介绍……》《1993年的成了上市公司总监，你和她差的不止一点》。

美国有一个新闻网站叫BuzzFeed，里面有一半的内容是和数字有关的。

**对于数字本身，人们也会有一种好奇心。**

比如《高效能人士的七个习惯》这本畅销书，你看到这个标题的第一反应，可能会想：七个习惯，好像也不是很多，到底是哪七个习惯呢？我有没有？

### 3.戳痛点

例子：《其实，你男朋友也嫌你穷》《男到中年，不如狗》《人到中年，职场半坡》。

对于很多用户而言，穷和中年危机是他们内心的两大痛点。而带有这些字眼的标题恰恰戳中了用户的内心，所以他们当然愿意点开，看看里面到底讲了些什么样的故事、有没有可能的解决方案……

### 4.营造画面感

其实，对于建立画面感，你可以通过在演讲标题中增加一个富有画面感的表达提升你的表达力，以及对于听众的吸引力。

这里给大家举个真实的例子，我之前曾经跟"雷锋网"在深圳合作过一个针对智能硬件领域CEO的发布会培训。雷锋网的同学一开始定的标题是：《如何开一场发布会》。

虽然这个标题讲清楚了我们的课程内容，但是缺少吸引力。于是，我做了一个小小的调整，只是加了几个字，效果就大不相同，修改后的标题是：《如何开一场让用户排队的产品发布会》。

修改后的文章一发出来，在短短2小时内，就有300多名企业的CEO报名。

### 5.建立代入感

2018年兴起的一个公众号叫作"今夜九零后"，里面有很多爆款文章是跟地域属性相关的，如：《河北人没有姓名，因为知道的人都笑死了》《东北人过冬也太太太太太太太太太野了吧！》。

地域属性这种内容，很多人会被本能的好奇心驱使着点开看，比如，我是江西人，我对东北相关的内容就非常好奇。

我的团队之前也做过一个事件营销的策划，这个策划在公众号有1000个粉丝的时候，收获了10倍以上的阅读量。

《你见过凌晨4点的珠海吗？》的主要内容就是展现凌晨4点珠海的一些地标性建筑，但对于很多珠海人而言，就会很想看看这个熟悉的地方没有看过的景色。

### 6.利用反常识

**"反常识"最重要的一点就是告诉用户"你现在知道的是错的"。**

当然还有一种反常识是告诉用户"你知道的只是一部分，你知道的还不全面"。换言之，反常识，也就是告诉用户这件事很重要。

比如：《卖保险的是如何忽悠你的》《微商是如何忽悠你的》。

### 7.加入流行语

比如"区块链""小程序""锦鲤"都是2018年的热门词汇。

这些词之所以成为热门，就是因为关注的人多。

**如果你能在演讲标题里加入一些这样的热门词汇，就更容易吸引大家的注意力。**

有一篇阅读量超过5000万次的公众号文章，标题是《在这个从小躺赢到大的女人面前，杨超越真的不算锦鲤……》。

### 8.引用权威

我曾在知乎上发表过一篇文章，收获了13000个赞，叫《徐峥的有趣：一句话怼了半个娱乐圈，再用一句话圆回来》。再如《见过汪涵，才知道什么叫真正的会说话》，这种在标题中引用名人也是增强标题的吸引力和信任度的方式。

### 9.突出用户利益

"××资料免费送"

"免费""赠送""福利"这些关键词，都是吸引用户的很重要的一种方式。

### 10.突出低门槛

**很多时候你做一个演讲，听众最大的担心就是你说的东西太专业了，他们学不会。**

所以，有的时候我们要在演讲标题里加上一些"小白也学得会""10分钟""21天"的关键词，这就是告诉听众，这件事的门槛很低。门槛低了，他们才会有学的意愿，能力自然才能得到提升。

例子：《小白也学得会的瑜伽课》《中专学历，他如何靠新媒体年入百万》。

**除了10种起标题的技巧，我自己还有一个很实用的选择标题的技巧。**

每一篇文章起4个以上的不同标题，然后放到读者群里让大家投票，并且询问大家喜欢某个标题的理由。

就像在确定这篇文章标题的过程中，我会发这么一段文字，并且发红包让读者投票。

**一般来说，较多读者选择的标题，最后的阅读量都是比较高的。**

慢慢地，我们自己也可以更快地学会起标题的技巧。

其实，很多作者会花1—2个小时修改标题，这么做一点都不为过。

你怎么指望一个10分钟想出来的标题能吸引10万+的读者？

写好一篇文章，从起一个好标题开始。

# 小　结

# 写出爆款文章后的几点感悟

对于大多数人而言，写作是一种痛苦。

如果随便找一个互联网行业的人，问他有没有写作的习惯，十有八九，他会跟你讲写作这件事太难了。估计看到这篇文章的你，也有类似的想法吧？

过年的时候跟我爸聊天，我爸说："虽然你小学的时候成绩不咋地，但是每天你都会看电视里的《三国演义》《西游记》，你现在思维这么活跃，可以写不少文章，我可是有功劳的！"

小学时的作文更多是为了完成任务。

我还记得那个时候每个小学生都要写周记，大概是周末去哪儿玩了或者有什么好人好事。

突然想起来，我小学时好像还参加过作文比赛培训，但是从来没拿过什么奖。不知道我的语文老师如果知道小学语文不咋地的我现在靠写作吃饭，会不会大吃一惊？

到了初高中的时候，写作是为了考试。

不过，我记得那个时候我还写过日记，在日记里还写过科幻小说，就把同学给编排进去了。但是，这个"科幻小说"写得实在是太糟糕了，写了几章就没写。

我一直以来都有阅读习惯，从2006年开始把读过的书写成读书笔记发表在豆瓣上，一篇一篇地发出来还挺有成就感的。

大学期间写的这些读书笔记，让我的思维逻辑性得到了提升。所以现在很多朋友都觉得，我现在做事情比较快，思考问题比较有条理性。

当然，这也有副作用。因为读书笔记是给自己看的，根本不是给别人看的，所以刚开始的那几年，我写的东西都很干瘪，框架是有的，但语言还需要锻炼。


入门之后，我发现写作这件事是有套路的。

大学毕业以后，我组织了一些创新活动，然后认识了一些媒体朋友。

因为我是国内少数几个去过TED大会的人，所以我有幸得到了为FT中文网写专栏的机会，主要分享的是我所看到的互联网商业模式与科技创新。

我还记得，那个时候最怕的事情就是被编辑毙稿。

**编辑毙稿的原因主要有三种：话题与当下的互联网热点没有太大关系；文章中的思考深度不够；内容里没有提供新的信息。**

后来被毙稿的次数多了，我也开始学会逆向思考：文章里多写热点的互联网内容，多写自己对于一些话题的深度思考。

比如，我写的《创业CEO如何挑选CTO》《你为什么喜欢抢红包》两篇文章，最后阅读量都还不错。

被FT中文网和虎嗅网两家编辑毙稿，一方面让我自己认识到自己写作能力的不足，另一方面让我认识到了对于互联网行业认知的不足。

那时，我还在工行软件开发中心工作，在并非互联网重镇的珠海。那时，我对于互联网的认识还很浮浅。

当你掌握了套路时，就会不断发现精进的空间。

离开工行之后，我加入了互联网巨头腾讯，我每天都能接触到各种各样的互联网创业者和互联网公司中高层。创业者的斗志与焦虑，互联网公司的快速迭代与残酷竞争，我都一一体验到了。

正是因为在腾讯近2年的经历，我积累了更多对于互联网行业的理解，现在还能有机会担任一些互联网行业中高层的个人私教。

2016年下半年，我花了3个月的时间在知乎上连续发表了50多篇关于小程序、程序员职业生涯、知乎社区产品分析的干货文章，快速积累了1万关注量。

**我对写作这件事的理解是，在自己经历之上，写出自己的真实感受，写有深度的内容。**

慢慢地，我的文章得到了越来越多的肯定和读者的反馈，我开始进一步反思自己的不足之处。我写的一篇自以为还不错的文章才几千次阅读量，而别人的一篇文章可以有3万—5万次，甚至30万—50万次的阅读量。仔细想来，每一个数量级差异的背后，一定是有着可以精进的空间。

这个时候，我越发意识到自己和那些优秀的自媒体人、写作者的差距。

我在思考大家都写同样的题材，比如春晚，我的文章与优秀的文章差距在哪儿。

优秀的文章，比如《请回答1988，那个龙年春晚结束后，岁月为我们埋下了这些彩蛋》，内容里可以有这么大的信息量，同时描述了毛阿敏、牛群、聂卫平、姜文等几十个人物的起起落落，特别有一种时代的画卷在眼前展开的宏大感。同时，却一点都不影响这篇文章打动每个人的内心。

尤其是结尾部分的这两段，基本上我朋友圈里的每个朋友转发时都会带上。

1988年，看似平常，实则暗流涌动。理想主义渐次落幕，娱乐至上缓缓袭来。有人貌似在山顶，其实是下坡；有人看似在山谷，其实蓄势待发。所以说，千万别随便看轻你身边的每一个人。

尤其是你自己。

一篇好的文章，既能让大家看到一个时代里那些被我们忽视的细节，也可以让每个人在里面找到自己的影子，因为想到自己的未来而感慨。

写作，和你想帮助别人的初心有关。

从2017年6月到2018年2月，我的粉丝数量增长了近10倍。从4000多关注，增长到目前的47000多关注。

这个时候我开始追热点，因为我知道热点意味着流量。

我写过一些关于"得到"跨年演讲、点菜与个人层次关系的文章，阅读量都还挺高的。但是慢慢地，我的一位读者留言："你写的东西越来越标题党了。你的内容也难免会受到影响。"

感谢这位读者的留言，让我再一次审视我自己为什么开始写作。

也许你会说，写自媒体不就是为了钱吗？

我不否认，我确实有通过自媒体赚钱的欲望。

从2017年年中到现在，为了更高的阅读量，我写过一些追热点的文章，也写过一些通俗的文章。但是，我想分享的是自己对于行业、对于社会、对于人生的有深度的思考。

有一位读者的留言，给了我不小的鼓励。

以后要多向前辈学习工作方面的知识，以前我一直觉得只要埋头钻研技术就行了，但是现在，我越发觉得除了技术方面以外，还有很多东西值得自己去学习和提升，比如你发的那篇养成学习型思维和问题拆解的文章。

我希望通过自媒体分享一些我自己的实践，它们也可能是对大家有用的实战经验。

我认为自媒体的目的之一是为了赚钱，但是我的目的不只是赚钱。

写文章，不仅仅是为了传递知识，或者是单纯为了发泄情绪，还是用有灵魂的文字去点亮一双双求知若渴的眼睛，这才是写作的真正乐趣。

哦，对了，创作乐趣的来源还有数钱——数那些自己用文字堂堂正正赚回来的每一块钱。

第八章

# 反馈

## 主动寻求反馈，每天迭代一个版本

你觉得真正厉害的人是什么样的？是那种"我什么都懂，也从来不请教别人"的人，还是"遇到新的领域，就虚心向别人请教"的人？

从我接触上市公司高管、企业家的经历来看，大多数真正厉害的人属于后者。

有的人年薪一两百万，每年至少还拿10万出来学习那些不懂的或是新领域的知识。

我曾经问一位70后朋友："你已经是企业的中层领导了，为什么每年还要花这么多时间和金钱来学习？"

他说："人到中年，如果不坚持学习就会被淘汰。"

我日常接触的这些互联网创业者，不少人都是先做失败了好几个项目之后，才做成了当下的项目。比如王兴就是先做了"校内""饭否"这两个不那么成功的项目，才做成了现在这个改变互联网格局的"美团"。

与此相反，不少来自大公司的总监创业只是一味地照搬自己在大公司的经验，业务还没有做起来，就先招50—100人，再租上一间豪华的办公室。结果去找客户的时候，才发现之前所做的假设都是错的，客户看重的并不是你这个人，而是你原先平台的光环和资源。

**当世界是非连续性的时候，我们建立在归纳法基础上的经验就会失效。**我们需要不停地倾听来自外部世界、来自用户的真实反馈，才知道自己的方向是否正确。

我们经常需要重新检验那些之前让自己成功的基础是否还存在。如果我们赖以生存的很多基础假设已经发生了变化，我们的方法论也需要做出调整。

有一个词是专门用来形容那种听不进去建议的人，叫"刚愎自用"。用通俗一点的说法就是，如果一个人有了这种特质，在电视剧里一般活不过前5集。

失去好奇心，是一个人开始老化的标志；听不进去建议，则是一家组织老化的标志。

联想公司之所以有这么多争议，正是因为这家企业的管理者听不进建议，逐渐老化了。

与之相反的是华为，每几年就来一次彻底的组织变革。管理层全体重新竞争上岗的事情，华为可是没少干，这也是企业活力的来源之一。

这里给大家介绍一个反馈模型：乔哈里视窗。

美国心理学家乔瑟夫和哈里根据个人对于信息的了解程度，及其身边人对于信息的了解程度，将人际沟通信息划分为四个区：开放区、盲目区、隐秘区和未知区。

我们与用户之间的沟通关系也可以用这个图来表示。

图8-1  乔哈里视窗

开放区是你知道、用户也知道的信息，属于常识。

隐秘区是你知道、用户可能不知道的信息，属于你所洞察的部分，也就是可以体现出你思考深度的部分内容。

盲目区是你不知道、用户知道的信息，就是你的盲区，我们需要通过反馈管理，来主动缩小自己的盲区。

未知区是你不知道、用户也不知道的信息，就是未知的，人类认知以外的区域。

一个人如果从不询问别人对他的反馈，说得太多、问得太少，就很容易陷入思维的盲区。所以在沟通中，我们不仅要多说而且要多问，缩小自己的思维盲区。在反馈管理的过程中，我们要主动收集反馈，让自己洞察的内容越来越多。

现在，互联网开发非常推崇的是"敏捷开发"，其中一个核心概念就是每日发布一个版本，让用户直接面对这个新版本的功能，判断产品的演化方向是不是他们想要的。

比如，银行业务部门半年前提出了一个产品需求，当时是很符合用户需求的，但半年后开发出来，客户需求可能已经变了，只好投版本不投业务，也就是说功能上线了却没有人去用它。

这种动辄半年的开发周期，开发出来的功能又不是客户想要的或者说用不到了，问题就出在反馈太少和不够及时。

其实这种不断迭代的思路不仅可以用在研发互联网产品上，也适合我们每个人应用和参考。

**我们可以通过类似每天一个版本的迭代，更新自己的思维方式，从而成为一个真正厉害的人。**

在真实的商业世界中，最可怕的事就是你找到的是"伪需求"，或者是用自己想出来的需求替代客户的真实需求，为了避免这一点，我们就需要主动进行反馈管理。

通过"提问+收集反馈"的方式，反复确认用户的真实需求。此外，用户停留的时长、用户在哪块区域的时间比较长、用户会为什么服务付费等，这些真实的用户行为，也都是反馈。

### 案例：腾讯做产品的10/100/1000法则

现在广受好评的QQ邮箱，放在以前根本不被市场认可，因为对用户来说非常难用。后来，腾讯只好对它进行"回炉再造"，从用户的使用习惯、需求去研究"到底什么样的功能是他们最需要的？"在研究过程中，腾讯形成了一个"10/100/1000法则"：产品经理每个月必须做10个用户调查，关注100个用户博客，收集1000个用户体验的反馈。这个方法虽然看起来有些笨拙，但很管用。

你也许觉得这个方法论难以落地，但是哪怕你只做一场演讲，演讲结束后，也要主动问问听众的感受，这就是在主动收集有效反馈。在这些反馈的指导之下，你才可以表达出更加符合用户真实需求的内容。

那么，如何有效收集反馈，才能不断更新自我的"操作系统"呢？

①主动收集反馈，每做一件事都要问问对方的感受。

我在每次咨询之后都会调查对方的满意度，并让对方给我提出改进建议。只有这样，我的水平才能做到不断精进。

②向谁收集反馈？

目标用户。面向目标用户收集的反馈可以让你更了解他们。

行业专家。行业专家的建议可以让你思考得更深、更透彻。

外行人。来自外行人的反馈，可以让你的内容变得更通俗易懂——毕竟外行人都能听懂的内容，你还怕行业内的人抱怨太难吗？

③哪些要素构成了一次有效反馈？

对方印象深刻的点。

听不懂的点。

体验不好的点。

觉得可以更好的点。

④如何运用反馈，完成自我更新？

我现有的知识体系，哪些是对方印象深刻的，那么这部分就可以保留。

对方听不懂的点，你需要换一种更通俗的方式表达。

对方觉得体验不好的地方，你可以参考优秀的对标对象，重新设计体验。

我们大脑中关于世界的认知，就像是电脑里的操作系统一样，需要不断更新和升级，才能让我们适应不断变化的世界和行业。

比尔·盖茨的TED演讲中，提到了反馈对于改进教师水平的重要性。

美国学生的阅读水平在全球的排名，甚至连前十都没能进，是第十五名。在很大程度上，原因在于美国的老师们缺少有效的反馈，超过98%的美国老师得到的反馈只有一个词：满意。

相比之下，比尔·盖茨夸奖了中国老师们的反馈体系：

· 确保年轻的教师有机会看到资深教师的授课。

· 每周都有让老师聚在一起讨论哪些教学方法比较有用的学习会。

· 要求每位老师观察他的同事并给他们反馈信息。

事实也证明了，能够收到有效反馈的老师，比如："你有没有向学生提出具有挑战性的问题？""你有没有用多种方式解释一个概念？"他们所带班级的成绩提升得更快。

我曾为一家创立37年的企业的高管讲课，这家企业的董事长已经60多岁了，多年以前他的身家就已经过亿了。无论是从财富还是年龄来看，我们这些年轻人都觉得他可以退休了。但他还是很积极地学习互联网的各种创新模式，对微信新功能、拍视频等都很精通。

看，60多岁的企业家还是这么积极地学习互联网的各种创新模式，并且常常向新媒体的年轻人寻求反馈，我们这些年轻人情何以堪？

# 如何借助反馈，提升你的表达能力

不知道大家在写文章的过程中，是不是和我之前一样有一个习惯：总喜欢一气呵成，如果听说要修改，就会感觉到很痛苦。

写完文章不愿意改，这是"人性"。

因为我们难免都有"敝帚自珍"的心态，觉得自己写得挺好的，所以不愿意修改。更因为，我们很容易把修改意见看成是对于自己写作能力的一种否定。

**但是，我更愿意把别人给我的修改意见看作反馈，是一种在提高我的表达能力过程中的信号。**

实际上，提升包括表达力在内的各项专业能力，往往是一个"反人性"的过程。

首先，我们需要极度真实地面对自己，评估自己的表达水平。然后，从用户和前辈那里收集高质量的反馈，发现自己的不足之处，并加以弥补，这样我们的表达能力才会进一步提升。

换言之，你要不断地修改，才会得到更加能够打动人心的内容。

## 反馈指标体系

对于新媒体文章，我们可以建立一套反馈指标体系。

### 阅读量

一般由文章标题的好坏和内容质量共同决定。

举个例子，我们来看一下两个标题的对比，猜一下阅读量分别是多少。

标题①：你认为什么是真正的酷？

标题②：见过汪涵，才知道什么叫真正的会说话

我来揭示一下答案：

标题①的阅读量：1800次。

标题②的阅读量：13000次。

这两篇文章都是发在我的公众号"贺嘉老师"上，是什么导致阅读量差距悬殊？

我的一个铁杆读者给了我一条很有价值的反馈："贺嘉老师，你的文章我基本上每篇都会看，但是《你认为什么是真正的酷？》这篇我没看，因为我觉得和我没关系。"

但是另外一篇《见过汪涵，才知道什么叫真正的会说话》，首先有名人效应，其次文章内容讲了他会说话的特点。所以读者首先会打开看，其次看了有收获就会转发，转发就意味着阅读量会提高。

### 完整阅读率 = 看到文章结尾的读者数量/阅读人数

完整阅读率反映的是一篇文章的流畅度，读者会不会从头读到尾。

很多时候我们看一本非常好看的小说，会有晚上不睡觉也要读完的兴奋感，在很大程度上是因为作者的写作很通俗，并且设置很多有吸引力的剧情，通过不断地抽丝剥茧，让读者读完。

当然，对于读者而言，结构清晰与否、逻辑上是否存在纠缠的内容，也是影响读者完整阅读与否的因素。

| 文章标题 | 文章标题 ▾ | 阅读数 ▾ | 评论数 ▾ | 赞同数 ▾ | 收藏数 ▾ | 分享数 ▾ | 完整阅读率 ▾ |
|---|---|---|---|---|---|---|---|
| 30岁左右的人，来谈谈你犯了哪些错误 | 2018-07-18 | 7312 | 14 | 139 | 53 | 44 | 30.52% |
| 见过汪涵，才知道什么叫真正的会说话 | 2018-07-15 | 78214 | 66 | 2084 | 909 | 379 | 25.37% |
| 如何在你的演讲中，设计一句金句？ | 2018-07-13 | 20085 | 22 | 638 | 738 | 211 | 12.26% |

图8-2 完整阅读率

转发率 = 转发读者的数量/阅读人数

转发率代表的是读者对于这篇文章的认可度或者共鸣程度，只有被你打动了，读者才会转发。

我最近写了一篇转发率比平时高出1倍的文章《别做被小公司毁掉的年轻人》，有264人转发，平时的文章一般有80—90人转发。

同时我们可以看到转发和分享到朋友圈带来了这篇文章30%以上的阅

图8-3 阅读数据概况

读量。

我稍微复盘了一下，发现主要的原因还是有50%以上的读者都有过在小公司工作而且被老板坑的经历，所以特别有共鸣感，他们愿意通过转发表达他们想说的话。

转化率＝购买的读者数量/阅读人数

这个指标反映的是你的文案有没有击中用户的痛点，激发他的购买欲望。

一般来说，我们会诉诸恐惧或者是希望。

一方面，你要告诉读者你现在有一个问题我可以解决，比如《差了这一点，升职加薪的总是别人》；另一方面，我们会告诉读者你是不是很向往谁的状态，我们可以帮你。比如《徐峥的有趣：一句话怼了半个娱乐圈，再用一句话圆回来》《见过汪涵，才知道什么叫真正的会说话》。

以上几篇文章都是我写给自己演讲训练营的招生文案，效果都还不错。

## 掌声与笑声的意义

**对于演讲而言，掌声与笑声也是一种反馈。**

对于写作，尤其是新媒体写作，反馈是比较容易收集的。也许你会问，对于线下的演讲而言，如何收集听众的反馈？怎么才能知道自己讲得好不好，或者是如何改进呢？

其实并不难，我自己在演讲过程中会看一个指标：掌声与笑声。

演讲过程中听众的笑声、掌声、拿出手机拍PPT、做笔记，这些动作意味着听众对你所讲的感兴趣，如果你的演讲中缺少掌声和笑声，说明你还有很大的进步空间。

我自己有着超过100场的演讲和授课经验，我发现对于听众而言，他们接受你的最直观的表现就是不愿意错过你的内容。

想要通过笔记、手机拍照把你的内容记录下来，发朋友圈或者是保存。

当然，笑声和掌声也意味着一种认可，说明他跟上了你的思路，知道你的哏。

其实，我会建议每一个演讲者在演讲完之后，和一部分听众聊一聊。

他们有没有听懂，对什么印象比较深刻，又有什么没听懂的地方。

这样，你就会知道下一次演讲可以进行哪些迭代。

## 心智模式

**从单环学习到双环学习，在行动中反思自己的心智模式。**

收集反馈，提升表达能力本身就是一个从单环学习到双环学习的过程。比如，你写了一篇文章，只有几十个人看过，而且完全没有人转发到朋友圈，那么你在行动层面的反思可能会流于表面：是我的标题起得不够好，还是我写的这个主题不对？

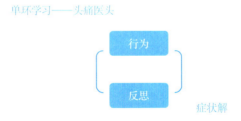

图8-4 单环学习

在双环学习里，我们会对行为和心智模式进行双层反思，你的收获会远不止于此。

行为层面的反思：

我写的这个话题不是热点？

是不是没有能够让用户产生共鸣的例子？

心智模式层面的反思：

我一直以来的写作风格是不是太过理性了？

我是不是讲故事太少，而说理太多？

我和高手们在写作思路层面的差距到底是什么？

双环学习——治未病

图8-5　双环学习

## 复盘

### 如何借助复盘提升表达力？

复盘，原本是围棋中的一个术语，本义是当我们下完一盘棋之后，要重新在棋盘上走一遍，看看哪些子下得好，哪些子下得不好，哪些地方可以有不同甚至是更好的走法。

**复盘的关键是推演**。总结是静止、跳跃的，而复盘是动态、连续的。

复盘除了总结所包含的动作外，它还对未发生的行为进行虚拟探究，探索其他行为的可能性和可行性，以找到新的方法和出路。

通过复盘，再加上执行实践的参照比对，我们可以排除错误的认识和路径，还可以看到在事情发生的过程中，哪些是外在的不可控因素，哪些是主动的可以控制的因素，哪些是运气使然，哪些是实力的原因……

飞机起飞前的检查流程，就是一个复盘后固化业务流程的典型例子。

### 如何进行复盘？

复盘这一方法，最早在美国陆军中得到普及和推广，他们采用的是AAR（After Action Review）六步法。

**步骤一：当初行动的意图是什么（what was the intent）？**

当初行动的意图或目的为何？当初行动时尝试要达成什么目的或目标？应该怎样达成？

**步骤二：实际发生了什么（what happened）？**

发生了什么事？为什么？怎么发生的？真实地重现过去所发生的事并不容易。

有两个方法比较常用：

① 依时间顺序重组事件；

② 成员回忆他们所认为的关键事件，并优先分析关键事件。

**步骤三：从中学到了什么（what have we learned）？**

我们从过程中学到了什么新东西？如果有人要进行同样的行动，我们可以给他什么建议？

**步骤四：可以采取哪些行动（what do we do now）？**

接下来我们该做些什么？哪些是我们可以直接行动的？哪些是其他层级才能处理的？是否要向上呈报？

步骤五：立即采取行动（take action）

知识存在于行动中，必须透过应用才会发挥效用，必须产生某些改变才是所谓的学习。

步骤六：尽快分享给他人（tell someone else）

谁需要知道我们生产的这些知识？他们需要知道什么？怎样把有用的知识有效地传递给组织中其他需要的人？

这里给大家复盘我和小助手一起写的一篇全网阅读量近百万次的文章《见过汪涵，才知道什么叫真正的会说话》。

①有何意图？

我留意到不少写名人的文章阅读量都不错，而且最近准备开始招自己的演讲训练营，需要写一篇文案。

因为我见过汪涵老师本人，而且也看过不少他主持的综艺节目，对他的表达能力印象深刻。

②发生了什么？

我和小助手一起确定了提纲，明确写"汪涵老师会说话"这个点。在小助手的初稿之上，我进行了多次修改，包括总结了现在的金句。

文章一经发出，1个小时内的阅读量就有2500次，是平时的2—3倍；很快，1天内的阅读量就破了1万次，还被"思想聚焦""洞见""灼见"等一系列大号转载。

③从中学到了什么？

话题要尽量做到通俗一些，让读者更容易接受。

所以，这篇文章在表达风格上，比我平时写的文章干货比例少，但反而传播效果更好。

④可以采取哪些行动？

我之后会继续写与名人的表达风格相关的系列文章，争取打造一系列的爆款文章。同时，不断优化现有的文章金句，找到更多的金句类型。

⑤实施行动并分享。

我现在正准备写白岩松、姜文、葛优等一系列人物的表达风格的文章。

　　一篇文章写出来只是开始而非结束，我们需要不断修改才能让它广泛传播。

　　一次演讲更像是一个不断迭代的产品，我们可以不断优化让它能够激励听众。

　　提升表达力，是一条崎岖但是风景美丽的路。

　　所谓的大师，不过是踩过这条路上所有的坑。

# 小　结

# 第九章

认知升级，表达力
**才会提高**

# 哪些瞬间让你发现贫穷限制了你的想象力

虽然我父母都是三线小城的医生，收入尚可，但是我从小零花钱一直不多。我小学时的梦想是能够自由地吃上校门口五毛钱一串的烤肉串，不用担心钱不够。

最近刚刚实现了财务自由，所以我觉得我有资格聊一下这件事。因为我有3个教训，每个价值至少1万元，都跟我的贫穷限制了我的想象力有一定的关系。

我25岁第一次出国，当时是去加拿大参加TED大会，TED官网推荐了一个酒店叫什么Chateau，就是"城堡酒店"的意思。

我和很多出生在大城市、很小就有机会和经济条件出国的同学不同，我小时候去过最远的地方是北京，我人生的第一次出国是靠自己工作3年后少得可怜的几万块钱积蓄。

我确实没见过世面，25岁时第一次出国，所以也没想太多就预订了TED官方推荐的这家酒店。这家酒店300美元一晚，差不多2000元人民币。活动为期5天，我在住宿费上花了差不多1万。要知道我那个时候的月收入还不到1万，真的挺心疼的。

到温哥华之后跟朋友们聊天，发现他们都没有住这个城堡酒店，我就问了一下原因。原来，他们住在青旅或者民宿，最夸张的是有一位美籍华人不住酒店，在温哥华租了一个房车，开到酒店门口直接住房车，一晚大概可能只有50—100美元。

那时我觉得是贫穷限制了我的想象力。

**这1万元的教训让我意识到，做一件事情除了可能的标准答案，始终有其他的回答。**

第一，不要偷懒；第二，要向一些有经验的人请教有没有其他的路径可以达成目标。偷懒，就意味着损失钱。

我入职腾讯没多久，突然有一天看到个消息，说招商银行上门给员工办理香港银行卡。我是个穷人，想一想，我闲得没事儿要招行香港的户头干吗呢？所以同事们都去开了，我没开。

生活再次教会我学做人。当我看到腾讯的股票从我入职时的一股170港元上涨到330港元的时候，我突然想我是不是可以买点腾讯股票，这个时候我就发现，有一个香港的银行账户有多么重要。

因为腾讯是港股，购买过程要在香港券商户头进行，从内地汇款到香港可能要十几天才能够到账。

最早在内地办招行的香港银行卡是没有资产要求的，等我去办时要求一个人有500万的资产。我上哪儿弄500万资产啊？最后只好老老实实地跑到香港去办卡。多折腾了一趟不说，这前后又花了1个月的时间，就这1个月腾讯股票从每股300港元涨到了400港元，少赚好几万了。

**这个教训告诉我，有的时候一个人不知道一件事或者一个东西有什么用，很可能不是因为它没有用，是因为自己见识少，是贫穷限制了我的想象力。**

我有一个做自媒体的朋友，在微博上已经积累了数万用户，朋友跟我说尽早开公众号，赶紧把微博上的粉丝往公众号上引导，因为现在大家都在玩微信。

我一开始没太听进去。现在，我的这位朋友靠公众号积累十几万粉丝量，月收入几万。到2017年，我才算真正地摸到了公众号运营的一些套路，获得了可观的收入。要是早点做这件事，每个月至少多赚1万元。

真的是不得不再次感叹，贫穷限制了我的想象力。

我也学会了提前预判趋势，由于在内容平台看好今日头条，所以我通过一年多的运营，积累了60多万粉丝。

**这个教训告诉我，不懂得预判趋势，就会少赚钱。**

想想我真的是与其他人存在认知差距，所以每件事让我至少损失了1万元。

- 不知道有其他选择，所以订了贵的酒店。
- 不知道未雨绸缪，所以折腾了1个月去办香港户头。
- 不知道预判趋势，错过了微信公众号的红利期。

处于弱势的时候，你不仅认识不到自身的不足，还会因为别人告诉你其实事情可以这样做，觉得他们在骗你。

我的朋友伊姐（公众号"伊姐看电影"创始人）在她的新书《认知差》中提及："写作不仅是一种赚钱的方式，还是一种自我疗愈的方式。"

我现在把这3个因为贫穷而限制了我的想象力的教训写下来，是希望更多的人不会像我一样在这3类问题上走弯路。

除了为稻粱谋，每个人都可以试着拿出30天时间尝试一件新事物，比如写作，或者系统性地研究一个新领域。

**贫穷不是限制你的因素，想象力才是。**

# 为什么有些人的人生像"开挂"了一样

朋友说，有时会觉得我是开了挂的人。

27岁，为长江商学院CEO班的上市公司董事长们上过演讲课。

28岁，辅导了王凯、柳岩等多位明星的演讲。

我出去做一场10分钟分享，收入可以有5位数。

关于如何拥有开挂的人生，我试着分享一些不同视角的观点。

你看到别人开挂，是因为你在他出名之后才注意到。

我自己出去分享一场演讲能够赚5位数，是因为我有5年举办TEDxZhuhai活动、辅导过100多位嘉宾，并且演讲了数百场积累的经验，再加上靠谱的朋友引荐，我还参加了一场地产商主办的活动，与深圳大学副校长等同台的经历。

为了坚持办TEDxZhuhai活动，我是亏过一些钱的；也曾经遭遇家人的不理解，他们不明白一个不赚钱的活动为什么我像着了魔一样地愿意投入大量的时间和精力；甚至团队成员也曾一度怀疑我们能否走下去……其实并不是我的那10分钟真的值那么多钱，而是我这5年的积累和朋友的信任，值这么多。

再讲一个小故事，是关于"姬十三"的，他是果壳网CEO并且做了在线知识社区的"分答"。

他做分答时用了10天开发上线，42天引爆了社交网络，然后融资2500万美元。

大家只看到他融到了一大笔钱，却忽略了他在果壳网等系列知识创业项目上有着10余年的沉淀。

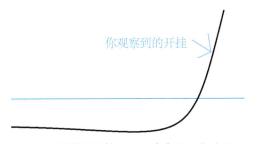

你观察到的开挂

图9-1 所谓的开挂人生，其实是一个过程

开挂的人生在生活中并不多，和你观察的角度有关。

我们看周边的人和事的时候，存在"幸存者偏差"。你只会看到比你混得好的那群人，媒体也只会报道成功的创业者，但其实尝试后失败了的大有人在。

其实大多数人是平凡人，媒体只关心成功者的故事，不在意失败者。

拥有开挂人生的人，他们采取的人生策略可能和你有很大差异。

假设，你在职场上接到一个任务，写一个产品的竞品分析报告，你是不是先打3小时的游戏，再花2小时写20页PPT，就认为完事儿了？

但是，开挂的人可能会花2天时间来做这件事，每天用15个小时做分析，对比每一个产品设计的细节和背后的思考。最后做出150页的细致产品分析报告，并且给出产品的下一个版本迭代建议。

你：1个小时写20页交差。

开挂的人：150页的细致分析，10条详细的产品迭代建议。

老板对你的方案不置可否；但对开挂的人印象更深刻，更愿意提供他新项目的机会。

再如，老板让全体员工为项目发展提供建议。

你：想到什么就说什么，最后给了10条不痛不痒的建议。你认为自己是坦诚，但老板觉得你很轻浮。

开挂的人：细致地分析项目当前的阶段、各个利益相关方的诉求、老板当前的最佳行动策略，之后又给出了3点能够帮助项目破局的建议。老板觉得他很靠谱。

如果把你和那些开挂的人对比，思考方式和行动差异一一列出来后，你还会觉得他们只是单纯的开挂了吗？

"开挂"的人一般都有个好人缘。

这话并非酸葡萄心态，看到比自己优秀的人只会挖苦别人"眼高手低"，等等。

开挂的人愿意为别人提供帮助，而且愿意与比自己强的人交流，自然其他人也会为他们提供力所能及的帮助。

## 什么事情是你当了领导才明白的

职场的前六年，我一直在国企里扮演螺丝钉的角色，老老实实当员工。在腾讯的时候，我也招过几名新员工。现在我投资了三家新媒体公司，我的学员大多是公司的中高层领导，这几年前后变化挺大的，领导视角和员工视角我都体验过，在这里分享一下我的感受。

**"领导"不只是一个职位，还是一种能力。**

我大学刚毕业时，我以前的同学，大学和研究生读的都是军校。一般军校研究生一毕业，军衔就是正连职上尉，一个连长带100个人，那个时候，我作为一个职场新人对此特别感兴趣：当领导是怎样一种体验？

他跟我讲："在部队里一个管理者的领导力，除了你的职位，还看你日常的行为有没有考虑到下属的利益，包括和一些兄弟单位有利益冲突的时候，你能不能搞定，你能不能为自己所在的连队拿到最大蛋糕……这些都是下面人看你有没有领导力的一部分。"

如果作为一个领导者，你只知道下达命令，却不能为团队争取资源，要不了多久你就会被架空。

**知道老板要什么的员工，更容易得到提拔。**

拉姆·查兰博士有一本很有意思的书叫《领导梯队》。他在这本书里提出了"领导梯队"的模型，讲的是在一个企业里，那些能力强、潜力大的员工往往会得到晋升和提拔，而那些能力弱、潜力小的员工往往会被淘汰。

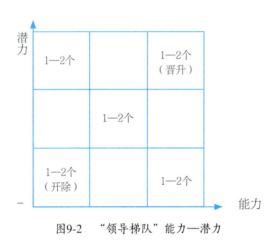

图9-2　"领导梯队"能力—潜力

我发现一件很悲催的事情：很多时候，哪怕是企业的中层，也不能很好地理解老板的真实意图。

对于公司高层而言，他们很多时候并不是特别在意一个具体项目的成败，他们更关心的是"整个公司的未来五年的商业模式有没有什么新的出路"；对于中层而言，他们往往更关心"我在任期内能做成几个成功的IT项目"。通过对比，你会发现这两种人视角上的差距。

聪明的中层会告诉老板"我的项目在你要的新模式里会扮演怎样的角色和具有怎样的意义"。

如果你不能很好地弥合差距，就会引致管理上的问题，比如拿不到公司层面的资源，比如公司的其他部门不配合你。

大多数人的问题就在于不知道老板要什么，然后在这个问题上浪费了太多的时间，把老板的耐心耗尽了，接下来离走人也就不远了。

**领导者，更多关心的是机制和激励。**

很多时候，员工看到一个问题，本能反应是赶快解决这个问题。

但是在公司里，这种"头痛医头，脚痛医脚"的解决问题方式，很多时候在领导者那里是过不了关的。原因也很好理解，员工关心的是解决眼前的问题，而管理者关心得更深：

为什么会出现这个问题？是员工的能力问题，还是流程机制的问题？采取什么措施可以有效地避免问题再次发生？

员工关心的是一个点，领导者关心的是一条线、一个面，也就是机制。

领导者需要保证一个团队、一家公司就像一台机器一样做到有效运转。除了理性的一面，领导者很多时候还需要像心理辅导师一样，关心员工的心理状态。因为这些非能力性的因素，很多时候也会影响到员工的状态和公司项目的成败。

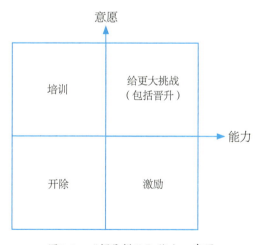

图9-3　"领导梯队"能力—意愿

"领导梯队"能力—意愿的这张图说明，对于能力强，但是意愿弱的员工，管理者就需要去分析问题的原因是什么——是受委屈了，还是钱给少了？或者是其他原因？

只有找到员工意愿弱的原因，才可以针对性地给予激励，最后提升团队整体产出。

**领导者，需要做出一些艰难的决定。**

我认识的创业者，不止一个把自己住的房子抵押出去好给员工发工资的，当然也不乏创业失败的人，卖房抵债。

这两种情况只是针对个人而言，但都是比较艰难的时刻。

对一个企业而言，一个新业务如果做不起来，难免就要面临裁员，这是最考验领导力的时刻之一。如果领导者不能很好地安抚这些离职员工的情绪，搞出什么公关危机，也够糟心的。

如果说董事会已经做出裁员的决定来优化公司成本，那么你作为中层领导者要去执行这一决定的时候，就需要亲手裁掉不久前花重金挖来的人才，还要解释为什么你说的"和我一起打江山"到现在却变了。

一边是董事会的裁员决定，另一边是你招进来的员工，中层领导者就像是"三明治"里被夹在中间的那个。公司越大，层级越高，你做出的每一个决定影响的人就越多。

互联网公司的战略方向需要经常调整，对于员工而言，做好手头的工作就意味着拿到了工资；但是对于公司高层而言，一个战略决策失误，可能意味着创业10年来的心血付之一炬。

员工在公司失败后大不了重新找一份工作，但是对于公司创始人而言，基本不存在这样一条路。

如何成为一名领导者？

我相信"成为一名领导者，不断升职加薪，出任CEO迎娶白富美"是很多职场人士的梦想。但是职场上难免有萝卜多坑少的问题。

这里，我要告诉你一个有些反常识的认知——有时，成为一名领导者，并不需要谁的任命。

TED演讲《如何发起一场运动》，讲的是追随者让一个怪人变成领导者，它说明想要成为一名领导者要做到以下几点：

首先，你要敢于公开地展示自己的行动，以此吸引追随者。

其次，你要善待你的追随者，因为新人的加入往往模仿的不是你，而是你的追随者。

最后，保持谦卑，要知道你领导者的光环至少一半是来自你的追随者。

**你认为找到了一件有价值的事就大胆去做，坚持做下去，你将有很大概率吸引到一批追随者。这个时候，你就变成了一名领导者。**

# 有哪些大家不说，但需要知道的社会规则

为了帮助大家理解，我在每句话下边都补充了解释或故事。

**如何让大家喜欢你，愿意帮助你？如果你能给大家带来资源和赚钱机会……**

举个例子：为什么商场上强调和气生财？那是因为你不知道下一刻谁就可以给你带来赚钱的机会。你的股东愿意用资金和资源帮助你，因为他帮助你就是在让他自己的资产（股权）能在未来增值。

**大家都在社会上混，没有谁应该帮你，对于帮你的人，你应该记得感恩与回报。**

举个例子：你大学期间带你做项目的老师、你刚踏入社会工作的领导、你创业后的第一批客户，都属于需要重点回报的人。

**做好雪中送炭和锦上添花这两件事，你才会有长久的朋友，才有可能获得超额回报。**

举个例子：王刚作为滴滴的天使投资人，之所以能获得数百倍的投资收益，很重要的原因在于他掌握了雪中送炭的艺术。

　　一件事能不能成，首先取决于你自己的信念。你自己都没有信心，别人怎么可能来帮你？

　　举个例子：创业是件"九死一生"的事，我身边的一些地产项目的老板在筹建新项目过程中碰到过10次足以让他们放弃的打击。这对创业者而言都是很正常的。最后，因为他们做成这件事的信念够强，才会有外部的合作伙伴和员工的支持，帮助他们克服困难。

　　**上场的机会来之不易，需要珍惜。**

　　举个例子：不少演员坐了10年的"冷板凳"，也没有一次演配角的机会，更别说演主角了。知名演员王凯花了10年才出名。第一次他靠一个娘娘腔的角色出名，而后的演出邀约都是这类的，但是他不希望被定型成这种角色，所以被雪藏了好些年，直到被东阳正午阳光的老板发现，出演了《伪装者》《琅琊榜》等剧中的角色，才真正开始走红。

　　**做好眼下的这件事，下一个机会自然会出现。**

　　举个例子：我问过不少创业者，他们的第一批客户是从哪里来的。他们的回答几乎都是服务好了第一个客户后给介绍的。而这第一个客户，往往来自你打工的时候，对你印象不错的那些合作伙伴、客户。

　　**背后一定要说人的好话，人与人之间的链接比你想的多、传播得快。**

　　举个例子：我经常会碰到情商高的朋友和我讲"谁谁谁对贺嘉老师你的评价很高"，那么顺带着我对背后说我好话的人的印象也会变得更好，我们是不是也就更容易合作了？

社会上的智慧分两种：学术智慧和街头智慧。社会有着自己的游戏规则，理解世故的重要性，比读个MBA更重要。

举个例子：现在社会上有很多一年赚几百万的中小企业主，他们的教育程度大多不算特别高，但是对于人情世故和赚钱机会的敏感度，可以甩我几条街。我想说的是，我们不需要成为他们这样的人，只需要借鉴他们的长处就好。

商场如战场，混得好的人应该是朋友很多、敌人很少，这样才有可能集中精力厮杀。

举个例子：在举办TEDxZhuhai的5年里，我们可以从一场不过百人规模的小活动，变成每年吸引来自29个城市的1000位观众的大型城市活动，在这个过程中，离不开我们的赞助商、合作伙伴、嘉宾等近百家机构和各类人的支持。有了他们的帮助，我们才能够聚沙成塔，光靠我是肯定不行的。

任何一个领域最顶尖的圈子很小，最好的大学一般数起来不超过10个，最优秀的科技媒体，也不会超过10家。

举个例子：知识付费领域，"得到""喜马拉雅""千聊"等少数几家应该切走了整个市场的不少收入。每个领域最优秀的10家分走了60%以上的资源，这也是我们要成为"头部"的原因。

# 别做被小公司毁掉的年轻人

大多数人毕业后的就业选择几乎都是小公司，但小公司里的各类问题实在是太多了。

我并不是一味地想要鼓吹大公司有多好，而是希望你能考虑在加入一家小公司之前，认真地了解一下这家公司和老板，让自己在职业发展的道路上少走点弯路，不要成为"被小公司毁掉的年轻人"。

所谓小公司的"小"，一方面是体现在公司的总营收方面，另一方面则是公司的员工人数。

按照《中华人民共和国中小企业促进法》的定义，互联网软件行业人员数量100人以下，或者营收1000万元以下的都属于小型公司。

之前一位在珠海政府部门工作的朋友给过我一个大概的数据，80%的人在中小型企业工作，但是这些中小企业的收入只占整个城市GDP的20%左右。

小公司的"小"，还体现在商业模式没有得到验证，公司的现金流有限。

我之前在大公司的时候招过一个女生，她毕业4年，曾在4家创业公司待过，平均每年换一家公司。我向她了解了一下她待过的那4家创业公司，前3家都是老板的思路有问题，要么是没有建立公司的核心业务，要么是把融资的钱"烧"完，最后只好关门了事，导致员工只好另寻工作。

公司HR和我还有其他面试官说这个女生的经历有点问题。因为，如果一个人之前加入的一两家创业公司倒闭了，可能是运气问题，但是4家企业都接连倒闭了，是不是这个人的判断能力有一定的问题呢？

最后，我没有听HR的，通过和老板沟通还是给了这个姑娘发了录用通知。因为，我不忍心她成为一个"被小公司毁掉的年轻人"。

### 什么样的小公司不能进？

我工作近10年，接触过的中小企业主近1000人，我发现这群人中真是卧虎藏龙，一些人眼光极其长远，创业10多年就可以把一家小公司做到上市。

当然，也有一些不靠谱的老板，在读了所谓的MBA之后，学人家玩资本游戏，从核心业务里抽调资金，最后导致资金链断裂，被一群人追债，一家年入千万的公司就此倒闭。

不适合进的小公司大致有以下几类问题：

第一类：缺少能够持续增长的核心业务，或者是业务停止增长。

现在不少几千乃至数万人的大公司也是从十几个人的小公司发展起来的，比如阿里巴巴和腾讯。对于一家小公司而言，最可怕的问题就是停止增长，因为这意味着各种问题会暴露出来。

在很大程度上，一家公司的营收和人员数量会影响一个人的成长。

比如微信的很多总监，最早不过是普通的一线产品经理和程序员，"微信"这个业务发展得很快，从一个部门变成了一个事业群，所以很多一线人员才有机会晋升成为带团队的总监。

要判断一家公司是否持续增长，就要看这家公司的用户数是不是在持续增长。

只有用户更多，收入才会更多。因为流入公司账户的钱，永远不会撒谎。

### 第二类：股东想法不一致，可能导致组织结构动荡。

我之前见过一家创业公司，周六、周日从来不加班。但是后来，大股东和二股东对于公司的发展方向想法不一致：大股东想做风险投资（VC）的生意，在资本市场上套现；二股东更关心收入，想着公司能不能在最近一年内尽快通过电商产生稳定的现金流。

双方僵持不下，半年之后CEO只好出面把产品团队全部砍掉，留下做融资的市场团队，即便产品团队里有老板刚刚用5万的月薪挖来的技术大牛。

### 第三类：老板只愿意画饼，不愿意给钱。

我接触过一些老板，挖人的时候开空头支票，什么20万月薪都敢说。但是，如果你真的辞职了，给你两万月薪他可能还觉得有点亏。

我自己做事情的风格是，先谈钱再干活。员工不和老板谈钱是他的诚意，老板不和员工谈钱，只是一味地让别人做贡献、看长远、讲情怀，就跟耍流氓没有太大区别了。

### 第四类：老板心胸狭隘，不愿意培养人。

还有一种创业公司的老板，希望手下的人一直做好执行性的工作，但是对于核心的业务环节从来不放手，一方面是为了保密，另一方面也是减少对于手下的依赖性。

对于老板而言，核心机密在自己手上，换了谁，公司都能照样运转；对于员工而言，一直干执行性的活儿，在市场上也缺少议价能力，也不敢和老板谈升职加薪。

在我看来，如果一家小公司和老板有以上四类问题之一，至少说明他不值得你长期追随。这个时候，你不需要马上辞职，而是要为未来做些提前谋划……

**小公司并非一无是处，而是对你的要求更高。**

前面讲过对于小公司而言，最重要的是用户和收入增长，常见问题是资源有限、流程不规范，等等。

在我看来，没有哪家公司是没有问题的，没有问题的公司都是已经挂掉的。关键在于这个问题是否影响到了公司生死存亡，只要不是核心问题，其他都可以通过增长来解决。

举个例子，对于一家收入快速增长的互联网公司而言，最重要的并不是如何优化服务器，降低3%—5%的成本，而是如何实现用户的规模化扩张。比如，每年用户实现100%的增长。如果一家互联网公司开始关心3%—5%的成本，往往意味着这家公司开始进入成熟期，一段时期内停止了高速增长。

一些性格温和的"小白兔"，真的更适合在大公司里做执行性的工作。BAT里都有前台，来做前台的人就是找份工作打发一些无聊的时光。

但是，如果你能力强、吃得了苦、霸得了蛮，依旧有可能在创业公司实现个人的快速成长。前提是，你需要做好心理准备，同时培养这几方面的技能：

①把自己变成资源的能力：这样才能更好地和外部的资源进行交换。

②整合资源的能力：指在没有资源、没有钱，只有被拖后腿的情况下，把事情做成的能力。

③搞定用户的能力：找到那些客户不愿意做，但是又不得不做的事情，让你的团队在这些方面提供对方无法忘记的一流服务。

我希望你成为这样的年轻人：无论在大公司还是小公司，你都能关心自己给客户提供了什么价值，不断精进自己的核心技能。

你的眼光放得长远再长远一点，哪怕这会受暂时的委屈。要知道，如果一家公司给你的报酬低于你现在的价值，市场最终会纠正这一点，因为大把的公司愿意出高价挖每个行业里Top10的人才。

我自己一直很相信一句话："我们往往高估了短期的改变，而低估了长期的改变。"

**小公司毁不掉你，真正能毁掉你的只有那个不思进取的自己。**

# 什么样的人容易当领导

有一位"鹅厂"技术总监在接受我的高管私教辅导。我们聊到一个话题：怎样和员工分享一些能够听得进去的经验？

因为这个技术总监对工作成果要求比较高，对于细节考虑得也很全面，他的下属还挺怕他的，与他保持一定的距离感。

对于这个问题，我是这么回答的："首先你要想一想，你的下属对什么东西感兴趣？应该没有人对晋升不感兴趣吧？你可以把对下属的工作要求，与如何获得在腾讯晋升机会的经验结合起来分享给他们。这样，他们更容易听进去。"

你是不是觉得当领导的人，满满的都是套路啊？

完成对他的私教辅导之后，我想这个话题挺有价值的。在BAT这些一流的互联网公司里面，什么样的人更容易获得晋升机会？

结合我对腾讯一些基干、中层的访谈，以及我看到的阿里、百度的一些早期资料，我认为能够在互联网公司里当领导的人，一般有以下几个特点：

### 主动承担责任的主人心态

我认识的一位开发者在他还只是开发骨干的时候，主动梳理了不少开发接口，这些本来不是他分内的工作，但就是这样的举动被老板记在心里了。再加上他的工作成果和沟通能力都不错，所以在后续有晋升机会的时候，他比一些来得更早的员工提前获得了这个机会。

大公司从来不缺聪明人，有的时候笨一点、多干一点、主动一点不是坏事。

### 系统性结构化思考

我之前和"鹅厂"负责青腾大学的总监所带的团队有过一些工作上的配合。我发现一个很明显的现象，越是基层的员工，对于工作计划的考虑越像是一个个零星的散点。比如，研究商业模式，员工只能看到别人的产品线、收费模式这些点；而总监会更加系统地去对比自己和友商，从核心资源到团队人数，再到产品形态、盈利模式，包括老板的认可度，某一个商业模式探索的时间止损定点。如果说基层员工做的计划是一个简单的excel，那么总监做的工作计划就是一个系统化的工作报告了。越是高层的领导，越是会看你的做法。

### 有交付结果的能力

做到积极主动和系统性结构化思考对于职场新人来说可能有一定难度，但是对于工作三五年的人而言，用点心就一点不难了。但是为什么有很多工作三五年的人还是晋升不上去呢？因为他们在工作上没有拿得出手的工作成果。这方面一半靠个人努力，一半看所在平台的业务发展。

BAT对于领导者都强调创新，那么创新最好的衡量尺度是什么？

当然是结果（工作成果）。基本上每一个能够拿到公司级奖项的团队，都会有几位待晋升的基干。如果所在业务没有太大发展，没有好的成果，团队成员没有增加，自然就不会有新的管理岗位出现。反之则意味着大量的晋升机会。要知道微信从部门升为事业群，很多老员工现在都是总监了。

### 及时汇报项目结果

如果项目进展不顺利，你一定要及时汇报。因为你需要管理老板的预期，如果老板看你忙了半年，最后你告诉他一句"项目进展不如预期"，估计他马上就想炒了你。

如果你负责的项目有了不错的成果也一定要记得及时汇报。越是大公司，说得好和做得好越是重要。项目成果记得写成邮件抄送老板和兄弟团队，这简直是大公司干完活儿的必备环节。

　　想成为互联网公司的领导者，你就要积极主动承担责任，对于工作能做系统性思考，拥有交付结果的能力，更重要的是敢于表达、展现你的工作成果。

　　不要害怕展现你的工作成果，做得好与说得好同样重要。

# 小　结

# 小姐姐心目中什么样的人算是会聊天

为了帮助大家找到"怎样的人算是会聊天?"这个问题的答案,我决定用一种不同寻常的方式。

虽然我辅导过很多上市公司的董事长,或者是互联网公司的高层做演讲,但是这次我不请教他们,而是专门请教了三位90后的小姐姐,问问她们心中"会聊天的人"是什么样的。

1990年出生的一位新媒体营销公司创始人:

工作的关系,我和不少客户和新媒体大V谈工作或者是喝酒,经常会接触不同行业的人,我认为比较会聊天的人能够讲一些对我有启发的东西。

1991年出生的一位品牌总监:

能够很好地把握对话的节奏,善于倾听。会听才会说嘛,我觉得你就挺会聊天的。

1997年出生的一位抖音大V:

他不一定要很多话,但是一定要很会倾听。能够知道什么时候让我说,什么时候他说。

## 如何在聊天中提供有价值的信息

在一般的朋友聚会、行业活动等场合，人和人之间第一次见面往往要进行一次"破冰"，也就是完成一次互相认识的过程。

互相认识始于建立基本的互相信任。在我看来，建立信任主要可以通过适当地展露自己的职业和背景来完成这一点。

当然，你可以更进一步，在自我介绍的过程中顺带告诉大家你可以提供的价值点是什么。这样也可以加深对方对你的印象。

### 第一次介绍：职业+背景+价值点

我叫小贝，去年对接的传统品牌广告主有100多家，未来可以帮助各位对接甲方。

这一点，也符合罗伯特·西奥迪尼《影响力》里的互惠法则——通过索取、给予、索取、再给予的过程，不断加深人与人之间的联系。

我在和人聊天的过程中还有一个习惯，就是主动替对方着想，哪些链接或者信息可能对对方有用，就主动提供给对方。比如，我会邀请一些刚刚在深圳定居的自媒体参加我组织的深圳大V聚会，给他们对接一些本地的朋友和潜在客户。

另外，分享你观察到的行业趋势和你曾经操盘的实际案例，也都是不错的提供信息增量的有效套路。

## 如何把倾听和聊天结合起来

擅长说的人首先要擅长听。

**提问+倾听+提供有效信息，其实是一种很有效的聊天套路。**

你可以问对方的兴趣，让对方多讲讲自己感兴趣的事情；你可以问对方的困惑，让对方讲讲自己的迷茫与挑战；你可以问对方的成就，让对方充分地展示自己优秀的一面。

例子：A："你的知乎影响力做得不错，现在运营有没有碰到过什么问题？"（提问）

B："不知道怎么变现，看着做短视频的这么火，我有点迷茫。"（倾听）

A："也许我可以帮你呢，我之前孵化过的不少自媒体人，他们的收入都有10倍以上的增长呢。"（提供价值）

《男人来自火星，女人来自金星》这本书里讲到，很多时候女性的聊天是作为一种释放压力的方式，而不是一定在寻求一个问题的解答。同理，在双方交流的过程中，多倾听、多提供情感支持，而不是尝试每次都要给出解决方案。

## 利用"自我告白"，激发兴趣

如果你想拉近和对方的心理距离，有一个方法就是向对方倾诉一些你的秘密或和他谈论隐私性的话题。

当对方了解了你的一些秘密，尤其是当他知道这些秘密你从未向任何人提及时，他对你的亲切感会立刻升温。

互相袒露隐私，会让对方有一种亲密的错觉。

比如你可以讲一讲你创业初期的失败经历，或者是在自己身上发生过的一些糗事，等等。

### 如何聊出节奏感

聊天时，一方面，注意不要一直自顾自地说话，你要通过提问的方式给对方表达自己的机会。另一方面，注意不要一直提问，给对方一种你在查户口的感觉，这样很容易吓到对方。

**我给你分享一个我们行业里有意思的故事吧！**

**你给我们讲一讲你们行业里有什么有意思的故事吧？**

此外，聊天的节奏感也指长句和短句的交替，太多的长句让人听起来比较累，太多的短句会让人觉得你的思考过于碎片化。

**比较好的聊天节奏，应该是50%的提问+50%的分享，双方的提问能够做到有来有往。**

我经常组一些饭局，大家就是在这种一来一往的交流中从晚上六点多聊到十点。

### 在聊天过程中，多给予具体的肯定

由于人类存在自我参照效应，我们对于和自己有关的事情会记得更加清楚。

当你开始夸奖他人，你在对方心中就是一个与他有关的人了，他也就更容易把你记住。

夸奖他人比较敷衍的方式就是用抽象的形容词。

例子："你这个人很厉害啊！"

**夸奖他人比较高级的套路就是具体而又有细节，最好这个细节也是别人在意的。**

　　例子："他这个营销顾问很厉害，一次咨询可以帮别人提高10倍左右的转化率，收费30万起。"

　　有心理学研究表明，我们喜欢与自己相似的人，也喜欢那些喜欢自己的人。

开头三位小姐姐讲的会聊天的人所具有的一些特质主要有3点：有见识，能够提供信息增量；懂得倾听；善于把握对话的节奏。

其实，想成为一个会聊天的人，没你想的那么难。

# 小　结

# 努力工作的员工会让老板感动吗

知乎上有个很多人关注的问题："努力工作的员工会让老板感动吗？"

答案是：不会。

我现在也开始有了自己的团队，也投资了其他新媒体的公司，我发现，随着职位的转变，我对于工作的理解有了新的认知：

①老板是为结果付钱的，而不是努力。

②除了老板，谁都是可以被替换的。

③决定你职场身价的，不是努力而是稀缺程度。

④提升自己的职场身价，从远离"幼稚病"开始。

### 老板是为结果付钱的，而不是努力

在我还是职场新人的时候，我曾天真地相信，只要努力就行了。比如，我认为每天工作到晚上12点再走，就能感动老板，最后升职加薪。现在我知道，公司不是慈善机构，而是以营利为目的。所以，老板看的是你的产出，然后决定给你多少钱。

一般来说，你想拿到50万元年薪，你至少要为公司创造150万元收入；如果你想拿到100万元年薪，至少要为公司创造300万—500万元收入。

哪怕你每天晚上加班到11点，但公司的业绩没有因此增加半点，你的收入想提升基本很难。

做销售的人收入高，是因为他们为公司的业绩负责；高管的收入高，是因为他们为某一块业务的发展负责。

我见过传统行业里评选的"感动××公司"的人物，这些人有1/4是把自己累挂了的。

如果你的努力只是感动了自己，那是没有意义的。

如果你想提高自己的收入，就尽量调整到为结果负责的岗位上。比如，传统行业的销售，互联网行业的产品、运营。

### 除了老板，谁都是可以被替换的

80%以上的人，这辈子可能就只是普通员工了，只有少数人可以成为管理者，而能够成为老板的比例就更少了。

你以为这就算完了吗？不是。

有一个残酷又无比真实的事实：在一家公司里，除了老板，谁都是可以被替换的。

我见过一家创业公司10年里除了董事长没变，其他高管至少换过两轮。

因为在公司经营的过程中，有太多的事情可能导致管理团队之间产生分歧，可能是对于市场的未来判断有着不同的意见，也有可能是对于产品的规划有不同看法，当然关于利益分配，也是没有那么容易协调的。

我接触过的民企里，基本上2—3年就有一次管理团队调整，这样的频率算是正常的了。

如果这家企业所在的行业竞争激烈，或者是在走下坡路，那么高管团队的调整频率可能就更快了，半年一次都不是什么稀奇的事。

所以，你还想靠努力打动老板吗？除了说你幼稚，还有什么别的好说的呢？

## 决定你职场身价的，不是努力而是稀缺程度

为什么现在人工智能的人才贵，年薪30万元起，甚至60万元、100万元的也不少？

至于区块链方面的人才就更贵了，不是因为他们努力，而是因为市场上这样的人才稀缺。

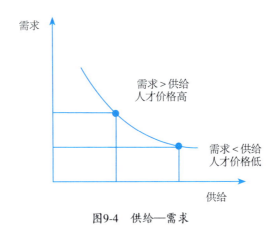

图9-4　供给—需求

我的意思并不是指你的专业能力和个人素质不重要，而是说，市场需求这个因素在影响每个人薪酬的时候，起到的作用更大，而且这种影响是全行业性的。

比如，你会发现由于移动互联网红利的消退，App市场现在已经开始进入饱和。

两三年前，花一两万元月薪都不一定能够招到一个iOS或安卓开发工程师，而现在，不少App开发的技术人员面临要重新找工作的困境。

成功学最坑人的一点，就是仿佛你拥有了努力，就会拥有整个世界。

我们应该努力把握住行业的本质，让自己变得更加稀缺。

什么是行业的本质？

坦诚地讲，每个行业里不变的那部分就是本质。

以媒体行业为例，载体发生了变化，报纸、杂志在走下坡路，电视台的广告收入也受到了一定程度的冲击。但可以看到的是，随着社交媒体的流行，一方面很多自媒体开始大张旗鼓地招聘人才，另一方面越来越多的企业开始成立团队，自己生产社交媒体方面的内容。

内容没有过时，过时的是那些跟不上行业变化的人。

## 提升自己的职场身价，从远离"幼稚病"开始

**第一，不再相信单一因素判断。**

过分相信努力，本身就是一种幼稚病。这个世界从来不是单一因素决定的，你要知道真实世界实在是复杂得多。所以，不要再相信单一因素判断。

就像成为一个好的自媒体人，不仅要懂内容、懂运营、懂商务合作，还要涉猎品牌等方面的知识。

你不需要一个人把这些事干完，但是你要懂这些事，才能管理好下面的人。

**第二，换一个角度思考。**

当你站在老板的角度，你就知道老板是怎么想的了。

同理，从HR的角度，你就会理解招聘这件事。你会发现，面试官其实才是真正有压力的人，他们担心找不到好的人才，以及看走眼招进来了不合适的人。

从公司高层的角度来理解晋升，你就会发现，他们要找的，不过是很有能力、潜力的人才，而你只需要在应聘的时候证明这一点。

换一个角度思考，事情就会容易得多。

**第三，不要排斥与同行社交。**

当你开始成为团队主管、年龄超过30岁以后，你会发现，很多时候你的精力已经有些跟不上更年轻的新人了。这个时候，你在团队里发挥得更多的是把握方向、排除风险、把控进度的价值……

如果说职场的前10年，你需要通过更多作品来证明你的能力，那么进入职场10年以后，你还需要通过行业的认可放大你的价值，甚至获得新的机会。

我认识的一位研发总监，他就是在行业大会上和他的现任老板结识的，而后被挖到现在的这家公司，收入提升了100%以上，职位也从之前的主管提升成了现在的总监。

过度加班，消耗的不仅仅是你的时间，还有你的健康，更重要的是，浪费了你与同行交流提升自己的机会。

老板不会因为你的加班而感动，他要的是结果和利益。所以，该谈钱的时候别谈感情，谈感情伤钱。

# 小　结

第十章

表达力
工具箱

# 高管表达能力模型

在辅导上市公司董事长、华为高管的过程中，我的学员提出想了解针对高管的日常发言，有哪几项核心能力。

特别是高管的战略眼光很长远，非常希望知道自己各项能力，现在处于什么水平，如何达到下一水平层次。

所以，基于展现技术专业能力变化的德雷福斯模型，我总结出了《高管表达能力模型》。

德雷福斯模型由德雷福斯兄弟研究提出，他们考察了各行业技术能手，包括商用客机飞行员和世界著名国际象棋大师。

他们的研究表明，从新手到专家要经历巨大的变化。

在这个过程中，人们不只是"知道更多"或者获得了技术，而且还在如何认识世界，如何解决问题以及如何形成使用的思维模型等方面体验到根本性的区别。

# 高管表达能力模型

## 高管公开表达能力评估表

| 子能力项 | | L1 新手 | L2 高级新手 | L3 胜任者 | L4 精通者 | L5 大师 |
|---|---|---|---|---|---|---|
| **主题发言 keynote**（愿意听、记得住、能传播……） **说服力** | 主题 | 勉强算是有个主题 | 与他人观点存在差异 | 符合"新颖、有趣、与听众有关"三者之一 | 新颖、有趣、与听众有关，三者有其二 | 能引发听众的自发传播 |
| | 结构 | 缺少逻辑的逻辑 | 有简单的逻辑 | 逻辑结构清晰 | 内容结构在递进或者递层展开的关系，富有说服力…… | Why-What-How，从使命感出发，说服他人 |
| | 启发感、方法论 | | | 有模型和方法论 | 有模型和方法论 | 有一定的模型与方法论，好记的模型与方法论 |
| **感染力** | 互动 | | 会开始用提问同等简单的互动方式 | 会使用多种互动方式 | 现场可以把几种互动方式组合起来 | 有独创的现场发挥能力，比如即兴展示实物 |
| | 画面感 | | 有故事或案例，但是与观点的相关性不足 | 有故事和案例 | 有独创性的故事+案例+数据，演讲的内容有一定的画面感 | 描绘的金黄色松软的主面包可以让你想要流口水……给人以身临其境的感觉 |
| | 幽默感 | | | 能够开始引用他人的段子或者有趣故事 | 轻松自如地运用段子，并且根据现场加以调整 | 能上展现自己的幽默默经典段子+眼 |
| | 语速、语言、用词 | | 开始注意语音语调 | 有恰当的停顿 | 能够灵活运用停顿、重读 | 在L3基础上，拥有独特的音色、独特的用词风格…… |
| | 语音 | | 开始注意语音语调 | 语速能够让人方便听清 | 语速灵活运用停顿、重读 | 传递自信，沉稳的音色 |
| | 肢体语言 | | 开始使用手势 | 可以用积极的身体语言传递自信 | 可以用积极的身体语言传递自信 | 观点有开创性 |
| **圆桌论坛 panel**（有深度、有广度、有互动） | 观点 | 勉强算是有观点 | 与主题有一定关联 | 与自我表现想有的观点 | 属于有深度的一个故事，而且能被记住 | 能够一句话讲清楚一个故事，而且能被记住 |
| | 一句话例子 | | 会运用例子和故事 | 会运用例子和故事 | 能够一句话讲清楚一个故事 | 在L3基础上，拥有独特的音色、独特的用词风格…… |
| | 语速、语音 | | 开始注意语音语调 | 有恰当的停顿 | 能够灵活运用停顿、重读 | 传递自信，沉稳的音色 |
| | 肢体语言 | | 开始使用手势 | 可以用积极的身体语言传递自信 | 在L3基础上，拥有独特的用词风格…… | 观点有开创性 |
| | 控场、接话+互动 | 勉强算是有观点 | 开始与其他嘉宾互动 | 与其他嘉宾就观点形成互补或形成冲突 | 适当给其他人发言机会 | 可以想好本次问题的新闻标题 |
| **媒体采访 interview**（媒体采访的是一个或多变的故事……） **深度** | 观点 | 勉强算是有观点 | 与他人观点存在差异 | 有新闻点 | 有新观点，有趣味性 | 能引发听众本次的自发传播 |
| | 对于媒体逻辑的理解 | | | 理解媒体是追求新闻点的……他们需要独特的素材和案例来支撑 | 理解特稿，人物采访的重点不同，以及突出故事的差异，了解故事以英雄之旅模型…… | 1. 事件的历史 2. 影响范围 3. 原因 4. 冲突：作用与反作用 5. 未来 《华尔街日报是如何讲故事的》 |
| **呈现** | 镜头感 | | 面部微笑 | 能够有丰富的面部表情 | 能够有丰富的面部表情 | 放松的心态，应对有感染你 |
| | 语速、语音 | | 开始注意语音语调 | 有恰当的停顿 | 能够灵活运用停顿、重读 | 在L3基础上，拥有独特的音色、独特的用词风格…… |
| | 肢体语言 | | 开始使用手势 | 吸引人眼球的肢体语言 | 能够熟练自如的肢体语言 | 熟练运用自己的招牌动作 |

# 故事画布及使用说明

①把这张故事画布打印出来，用便利贴把你想到的关于演讲的内容都写下来。

②把便利贴分类，主题最好是新颖、有趣、与听众有关的。

③结构：重要发现、Why—What—How。

④互动包括提问、播放视频、展示实物、赠送礼物、邀请嘉宾等方式。

⑤把你演讲的内容总结成一句金句，或者从经典中找一句金句来进行演讲内容的升华。

图10-1　故事画布*

*关注微信公众号"贺嘉老师（kuajie123）"回复关键词"故事画布"即可获取。

# 演讲内容设计表

| 环节 | 备选 | 内容 |
|---|---|---|
| 主题 | ___新颖<br>___有趣<br>___和听众有关 | |
| 结构 | ___Why—What—How<br>___英雄之旅<br>___重要发现<br>___挑战常识 | |
| 案例/故事 | 数字+细节 | |
| 开场 | ___讲故事<br>___分析市场现状<br>___回顾用户抱怨<br>___动词+大词 | |
| 互动 | ___提问<br>___展示实物<br>___自嘲<br>___赠送礼物 | |
| 结尾 | ___金句<br>___呼应开头<br>___号召行动<br>___场景+点题句 | |
| 反馈 | 好的点 | |
| 自评 | | |
| 他评 | | |

# 演讲彩排自检表

| 试讲阶段 | 主要注意项 | 演讲者姓名 |
|---|---|---|
| 演讲流畅度 | 1.演讲内容要有一定的熟悉度，试讲前自己最好练习过2~3遍<br>2.尽量减少"啊""嗯"等语气助词或口头禅的使用次数<br>3.适当的停顿：每个部分之间，重要的金句之后，都可以停顿1~2秒 | |
| 情绪起伏 | 1.切忌过于平淡，语调一直是一根直线那样<br>2.可以为你的这段演讲选择2~3代表情绪的词放在开头+中间+结尾 | |
| 现场发挥的能力 | 1.有没有一些自嘲，段子或有趣的故事<br>2.指标：试讲过程中笑声和掌声的次数 | |
| 现场彩排阶段 | 主要注意项 | |
| 着装 | 1.偏正式的套装，西装<br>2.颜色要避免全白、全黑、格子、条纹等会影响现场拍摄效果的搭配 | |
| 情绪 | 1.提前沟通选题，规避争议性话题，消除紧张感<br>2.通过小练习来消除现场演讲的紧张<br>3.面带微笑，露出的牙齿尽量不要超过8颗 | |
| 站姿 | 1.双脚不要又得太开，整个人要立起来。否则拍摄的视频会不好看<br>2.走动区域控制在一定范围内，不要走出拍摄范围<br>3.头部保持直立，避免倾斜 | |
| 眼神 | 1.注意每隔2~3分钟看看不同方向的观众，用带正面鼓励的眼神<br>2.如果你感到紧张，看前排1~2位对你比较友好的观众，从他们身上收获正面反馈 | |
| 手势 | 1.设计1~2个招牌性的手势即可<br>2.其他时间保持双手在腰部以上，可以显得比较有气势 | |

# 向老板汇报的3种套路

### 套路1：腾讯员工汇报时经常用的三段论

- 整体大盘趋势
- 小变化
- 结论

### 套路2：阿里巴巴员工给马云汇报的3M——策略、团队、结果

- Make Strategy——策略
- Make Team——团队
- Make Number——结果

### 套路3：晨会汇报的FFA——事实、感受、行动

- Fact——事实
- Feeling——感受
- Action——行动

前两个套路在前文中已经有很好的说明，这里我就套路3举个例子：

最近一个月团队不少新人加入，运营效率下降了30%。（事实）

我感觉主要是业务知识传递有些跟不上。（感受）

接下来的一周，我会安排老员工一对一辅导每位新人。（行动）

# 搞定下属的一分钟管理

一分钟经理人的套路：表扬、不足、目标

·一分钟表扬

·一分钟说不足之处

·一分钟阐述目标

例子：

最近一个月你很努力地在拉KOL入驻，这个月给你涨薪10%。（表扬）

但是，在提升KOL入驻的效率方面还有提升空间。（不足）

我们年底要邀请500位KOL入驻，要思考工作方法怎么创新。（目标）

这个套路不仅可以用来搞定下属，也可以促进和伴侣的感情。先肯定对方，再指出问题，最后制定一个目标，对方往往更容易接受。

# 会表达的人都掌握了哪些一般人不知道的方法

## 从底层出发，把握听众的情绪

如果你经常写文章，或者是面向公众做演讲，你就会发现一个很有意思的现象：单个用户的情绪往往是难以预测的，但是作为一个群体，他们的情绪反应一定是有规律可循的。

我们都很喜欢冒险，这也是很多年轻人喜欢《海贼王》的原因，此外，路飞为了同伴可以牺牲自己生命的精神，以及他的乐观特别能引起年轻人的共鸣。

我们也很喜欢冲突，这也是为什么像《泰囧》这种搞笑喜剧片能够通过一个又一个意外的设置，让观众捧腹大笑。

我们也很喜欢看到小人物的逆袭，这也是为什么像《贫民窟的百万富翁》这类讲逆袭的温情脉脉的影片，能够赢得大多数人的眼泪。

我们都喜欢魅力型的人物，喜欢看到大团圆结局，喜欢小人物逆袭的故事……

**只要搞清楚了你的受众是哪一群人，可能存在什么样的共同情绪，你就可以去影响他们。**

## 理解故事的力量

从穴居时代起，人类就养成了喜欢听故事的习惯，类似如何打猎、如何生火的技能和经验也作为故事，在一代又一代人的转述中得到传递。

那些优秀的领导者往往都擅长通过讲一个又一个具体的故事，让自己的下属接受他的观点，并且留下深刻的印象。

**好的故事源于真实的生活，同时充满细节。**

比如，前段时间，一个做电商的学员就讲了他在逆境中通过阅读稻盛和夫的著作，意识到了逆境其实也是机会。于是在他的店铺碰到一些经营问题的时候，他没有选择裁员，反而招募人手，苦练"内功"，提升团队内部的运营效率和配合效率。之前，团队的运营能力只能支撑一个月上50件新品，现在，他的团队一个月可以上新上百款，甚至更多产品。

很快他就恢复了经营，那时他的线上店铺的营业额是过去几个月的总和。

听完他这个逆境中的故事，不得不承认，我被他深深打动了。

## 掌握比喻的力量

**比喻是一种抽象的能力，帮助你从感性上去理解一个事物。它不准确，也不细致，但是可以帮助你在情感上接受一个观点。**

比如，你觉得一个演讲好，你会说它点燃了你心中的火焰。

我之前去听了麦克尔·罗奇的一堂线下课，他在过去的20多年里创立了一家年营业额2.5亿美元的钻石加工企业，他讲的内容是怎样运用《金刚经》里的智慧从事商业经营。

整堂课听下来，我印象最深的其实就是一个有关种子的比喻。

他讲的是，你今天做出的一个善意的行为，就像播下了一颗种子，在一周或者一年以后，可能会给你带来意想不到的收益。

腾讯的企业文化用了4种动物来帮助大家记忆。

我们都知道，一般的企业文化都是用来贴在墙上的，根本不是给大家记的，你也记不住。腾讯的HR找了4种动物分别对应着4种企业文化，长颈鹿（正直）、海燕（进取）、犀牛鸟（合作）、鹦鹉螺（创新）。

我曾经问他们，为什么用长颈鹿代表正直，是因为它的脖子长而且直吗？

得到的答案是肯定的，我表示很无语。

鹦鹉螺之所以代表创新，是因为鹦鹉螺是螺旋形的，代表着产品创新过程中的迭代。

当然，你在讲一个故事的时候，想要找到一个合适的比喻并不容易，这大部分来自你日常的积累，要考虑到你讲的某个观点与听众已经熟悉的事物之间存在哪些相似的地方。

比如，你在工作上替老板承担了不该承担的责任，你会说："我给老板背了个'锅'。"

## 表达需要输入也需要输出，是个不断迭代的过程

### 第一阶段：愿意听

这个阶段的重点在于，你要广泛地去收集各种各样的素材、各种各样的信息，去了解不同听众的情绪，以及他们对什么话题感兴趣。

只有接收的信息足够多，你才能从中筛选出足够多的有用的素材，包括其他人呈现观点的形式，以此作为你进行表达的参考。

### 第二阶段：记得住

把你接收到的各种各样的素材和信息，内化为你自己的思维体系。不管是按照"为什么—是什么—怎么做"的结构，还是讲三段论，关于某一个领域的知识，你都整合到这个特定的框架里。

这个过程就像你拿一根绳子，把一把零散的珍珠串联成一条珍珠项链。

### 第三阶段：能传播

在第二个阶段的基础之上，你组织好的信息就像一颗种子一样，你要把它种在听众的心中，让它慢慢地发芽、开花。你的听众在经历某件事情的时候，会回想起你之前跟他讲的某个观点。最后，这颗种子会长成一棵树，会真正地影响到你的听众。

表达这件事情，它是一个循序渐进的过程，你先要有输入，而且要内化形成自己的思维体系之后，才可以去输出，在每一个环节你都要不断地迭代和优化。

**我希望你能够掌握故事和比喻的力量，从理性和感性两个层面，最终打动你的听众，从而实现一个好表达的3个目标：愿意听、记得住、能传播。**

# 附 录

### 10种PPT模板

关注贺嘉老师公众号，回复关键字"PPT"即可获得。

PPT模板二维码

### 送你一份99页演讲秘籍（PDF）

关注贺嘉老师公众号，回复关键字"演讲"即可获得。

演讲秘籍二维码

### 18份国内外优秀演讲稿下载链接

关注贺嘉老师公众号，回复关键字"演讲稿"即可获得。

演讲稿二维码

**9个优秀的演讲视频来源**

TED演讲：TED.com

一席：http://yixi.tv/

造就：https://www.zaojiu.com/

海绵演讲：http://it.sohu.com/20180815/n546475603.shtml

星空演讲：http://v.qq.com/detail/5/50099.html

网易公开课：https://open.163.com/

2007年iPhone发布会：https://v.qq.com/x/cover/ohgleybbowvcixz/a01611j0vt0.html

锤子科技2018年夏季发布会：https://v.qq.com/x/page/n0764386qmc.html

世界经济论坛：https://www.weforum.org

**推荐7本提高表达力的书**

01《掌控关系》

作者：熊太行

推荐理由：不想被别人搞定，必读。

02《洋葱阅读法》

作者：彭小六

推荐理由：提高阅读效率，从更新你的阅读方法开始。

03《爆款文案》

作者：关健明

推荐理由：前奥美金牌广告人力作，卖了20万册……

04《好姑娘光芒万丈》

作者：老妖

推荐理由：提高表达力，你一定要能读懂年轻女性。

05《爆款写作课》

作者：弗兰克

推荐理由：被众多朋友推荐的一本写作书。

**06《刷屏》**

作者：霍世杰（万能的大叔）

推荐理由：公关领域的KOL，现象级事件制造的先行者。

**07《学习力》**

作者：Angie

推荐理由：在新媒体变现效率、个人逆袭方面非常值得一看。并且，Angie身上有很多值得宝妈们学习的地方。

## 为提高表达力推荐阅读的9个公众号

### ☆熊太行

人际关系洞察家、心理咨询师，服务超过16万人的"得到"《关系攻略》专栏作者，公众号"就叫熊太行也行"创始人，《博客天下》杂志前主编。

专注人际关系研究与教育多年，基于心理学、政治学、传播学、社会学，跨学科形成了别具一格的人际关系理论与方法。

推荐理由：你想学会搞定别人，而不是被别人搞定，就要学一下熊老师的套路。

### ☆老妖

青年作者，情感博主，新媒体公司CEO，旗下有"好姑娘光芒万丈"等200万粉丝公众号矩阵，出版图书《好姑娘光芒万丈》。

推荐理由：从"厂妹"到身价2000万的新媒体博主，每一个想逆袭的女生都可以看看老妖的故事。

### ☆关健明

前奥美金牌文案，著作《爆款文案》销量20万册，文案类第一；知识星球社群1.5万付费用户，营销类第一；公众号"创意很关键"创始人，抖音账号拥有20万粉丝关注。

推荐理由：畅销文案的作者，可见他的卖货能力相当强。

☆ 陈勇

推荐理由：陈勇是我见过做转化率最厉害的专家，他帮助南孚电池、清华紫荆教育、花点时间等公司提高广告投放转化率30.1%—1750%。

关注他的公众号"陈勇营销专栏"，回复1，可获得月销量增长13倍的27页案例解析。

☆Angie

"二宝妈""Queen时代"联合创始人。

互联网从业10年，前互联网公司运营总监，畅销书《学习力》作者；月入百万的知识变现者；"Angie"同名公众号创始人；运营时间管理等个人成长系列课程，全网学员超百万。

推荐理由：时间管理达人，谁都可以逆袭。

☆霍世杰

公众号"万能的大叔"创始人，"36氪"上PR领域唯一特邀付费专栏作者，公关行业从业6年，网络媒体6年，自媒体4年，粉丝20万，专注公关价值。曾就职于凡客、腾讯、世纪佳缘、金立等公司。

推荐理由：做公关，他是我见过的实战型专家。

☆Kyle

千万粉丝公众号"选择自己"创始人。

微信生态创业者：3年从0打造500万粉丝微信公众号矩阵。

短视频创业者：3个月打造700万粉丝抖音号矩阵。

推荐理由：一起成长的大本营，让世界发现你。

## ☆弗兰克

前外企职业经理人。33岁从0开始写作；36岁写出人生第一本书《爆款写作课》，被众多媒体推荐，公众号"厉害一点"。

推荐理由：说到做到，让自己更厉害一点。

## ☆何加盐

浙江大学西方经济学硕士，种过田、搬过砖，当过导游、记者、公务员，现为某咨询公司创始人、咨询总监，也是一位用心的公众号作者，写作主题为：人生向上成长的目标、动力和方法。

推荐理由：人生路上，与奋斗者同行，为奋斗者"带盐"。

去网云易课堂，搜索"贺嘉"

学习贺嘉系列在线课

线上授课 | 老师答疑 | 无限回看 | 演讲资料包 | 动手练习